Gerda und Rüdiger Maschwitz · Phantasiereisen zum Sinn des Lebens

Gerda und Rüdiger Maschwitz

Phantasiereisen zum Sinn des Lebens

Anregungen für Kinder,
Jugendliche und Erwachsene

Kösel

Von Gerda und Rüdiger Maschwitz:

Am Anfang war die Stille. Phantasiegeschichten für Kinder und Erwachsene
  CD/MC
Aus der Mitte malen – Heilsame Mandalas
Neue Mandalas – Aus der Mitte wachsen
Gemeinsam Stille entdecken. Übungen für Kinder und Erwachsene
Stille-Übungen mit Kindern. Ein Praxisbuch

ISBN 3-466-36505-8
© 1998 by Kösel-Verlag GmbH & Co., München
Printed in Germany. Alle Rechte vorbehalten
Druck und Bindung: Kösel, Kempten
Umschlag: Elisabeth Petersen, München
Umschlagmotiv: Don Landwehrle/The Image Bank, München

1 2 3 4 5 · 02 01 00 99 98

Gedruckt auf umweltfreundlich hergestelltem Werkdruckpapier (säurefrei und chlorfrei gebleicht)

Inhalt

Zweiter Teil – Phantasiereisen und Imaginationen   67

Am Anfang war die Stille – Schöpfung und Umwelt   70

Liebe Leserin, lieber Leser

Die Neugierde, der Wunsch, Neues zu entdecken, Fremdes aus eigener Erfahrung kennen und beurteilen zu lernen, hat schon viele Menschen auf große Reisen geführt. Phantasiereisen, so wie wir sie Ihnen in diesem Buch vorstellen, sind kleine Schritte auf der längsten Reise unseres Lebens – auf der Reise nach innen, so nennt sie Dag Hammerskjöld. Die Landschaft, durch die wir reisen, ist das Land der inneren Bilder. Deshalb nennen wir die Arbeit mit Phantasiereisen und Imaginationen (= Vorstellungen) auch gerne »Arbeit an und mit inneren Bildern«. Dabei sind die inneren Bilder in einem umfassenden Sinne zu verstehen und bezeichnen all die inneren Erfahrungen und Vorstellungen, die in uns Gestalt annehmen können. Solche Bilder trägt jede und jeder in sich und unser Leben wird im hohen Maße von ihnen bestimmt. Viele dieser Bilder sind uns nicht bewusst, sodass wir oft gar nicht wissen, welche Bilder und Vorstellungen uns bewegen, antreiben, ängstigen oder auch heilen.
Die Begegnung mit inneren Bildern ist im besten Sinne ganzheitlich. Diese sprechen den Menschen in seiner Seele, seiner Leiblichkeit, seinem Denken, Bedenken und Verstehen an.

Bilder durchdringen unsere Persönlichkeit und bilden sie – im alten Sinne des Wortes: Es geschieht Persönlichkeitsbildung. Unser Buch widmet sich diesem Aspekt der Arbeit mit Phantasiereisen und Imaginationen. Ziel *dieser* Phantasiereisen ist daher nicht einfach nur die Entspannung (was ein Schwerpunkt vieler anderer Phantasiereisen ist) und auch nicht die Wissensvermittlung, auch wenn wir diese Aspekte nicht ausschließen.
Kinder, Jugendliche und Erwachsene begegnen sich in diesen Übungen erst einmal selbst – ihrer eigenen Person – ihrer eigenen Menschwerdung.
Darüber hinaus aber berührt die Arbeit mit inneren Bildern immer auch den religiösen Erfahrungsbereich.
Alle religiösen Traditionen, ob es die christlichen, jüdischen, muslimischen oder buddhistischen sind, können nur in Bildern die Erfahrungen der Menschen mit dem Göttlichen, also mit dem ewigen Seinsgrund, beschreiben. Innere Bilder erzählen also immer auch vom Ursprung und vom Grund des Lebens.

Zu diesen Bildern können wir hinführen und Menschen – gerade in dieser Zeit des gesellschaftlichen Umbruchs – eine große heilsame Chance öffnen: Sie können entdecken, dass ihr Wert und ihre Würde in ihrer einzigartigen Person liegen und dass diese Person liebens-würdig und im Urgrund des Lebens aufgehoben ist. Imaginationen und Phantasiereisen sind so im besten Sinne sinnstiftend.

Dieses Buch greift auf Bilder der jüdischen und christlichen Traditionen zurück, auf Märchen und literarische Impulse und möchte Sie anregen, auch eigene innere Bilder einzubringen. Bitte arbeiten Sie all diese Anregungen erst einmal für Ihre eigene Situation und Ihren Kontext durch.

Wir haben die Phantasiereisen, mit denen wir im letzten Jahrzehnt gearbeitet haben, zusammengetragen, systematisiert und durchgearbeitet. Dabei haben wir sie in einen erweiterten Zusammenhang gestellt und ausführlich ausgearbeitet. Wir danken all den Menschen – unterschiedlichsten Alters –, die mit uns vertrauensvoll ihre Erfahrungen geteilt haben. Ohne sie gäbe es dieses Buch nicht.

Wir wünschen Ihnen Freude und intensive Begegnungen mit sich selbst und anderen Menschen.

Hetzenholz, zum Jahreswechsel 1998

Ihre Gerda und Rüdiger Maschwitz

Erster Teil
Hinführung

Eine Phantasiereise –
Was ist denn das?

Wir alle kennen Phantasiereisen aus dem Alltag. Erzählungen, Bilder und Tagträume sind Anlässe zu »Phantasiereisen«. Letztlich lädt jede Erzählung, die der Phantasie Raum lässt, ein, die Bilder und Impulse der Geschichte selbst auszugestalten. Insofern sind Phantasiereisen beim Lesen und Hören alltägliche Praxis.

Zwei Beispiele:

Jemand erzählt Ihnen von seiner Urlaubsreise in den Süden. Sie bleiben noch ein wenig an dem Bild vom Strand hängen und »träumen« vor sich hin. Plötzlich sind Sie an dem Strand, riechen das Wasser, spüren die Sonne, fühlen sich wohl. Da spricht Sie jemand real an – und Sie sind wieder da.

Oder: Sie gehen spazieren, halten an einem schönen Punkt inne, lassen den Blick übers Land streichen. Wieder schieben sich andere Bilder dazwischen, Erinnerungen an andere Spaziergänge, andere Menschen. Sie lassen die Impulse zu und reden, fühlen, handeln in diesen Bildern – ein tiefer Atemzug und Sie sind wieder »zurück auf der Erde«.

Vielleicht kennen Sie solche Erfahrungen. Die Beispiele machen auch deutlich, dass es bei den Phantasiereisen nicht nur um das Sehen von Bildern geht. Phantasiereisen beziehen alle Sinne ein (s. S. 57) und ermöglichen ein Erleben und Handeln in einer vorgestellten, inneren Realität.

Während – wie in den Beispielen geschildert – das innere Erleben im Alltag oft unabsichtlich angestoßen wird, sind Phantasiereisen eine gezielte Einladung, innezuhalten und sich durch die Bilder und Impulse in die innere Wirklichkeit hineinholen zu lassen. – Eine Anmerkung: Auch Träume sind mit den Phantasiereisen eng verwandt. Allerdings ist im Traum der (auch unbewusste) Regisseur, d.h. der Anleitende, und die die Bilder erlebende Person eins. Die Bilder entstehen ohne bewusste Aktivität und – ein großer Unterschied zur Phantasiereise – der Träumende ist nicht frei, jederzeit aus seinem Traum auszusteigen.

Kleineren Kindern fällt es noch leicht, sich von der äußeren Realität anstoßen zu lassen und sie mit ihrem eigenen inneren Erleben zu verknüpfen(s. S. 33). Sie erzählen gerne von ihren Bildern, von ihrem Kino im Kopf. *Sie* können uns Phantasiereisen erzählen. Je älter sie werden, desto schwerer tun sich viele Kinder, Jugendliche und Erwachsene, sich auf Phantasiereisen einzulassen. In einer Welt voller medialer Impulse werden die Bilder und Vorstellungen mehr und mehr vorgegeben. Phantasie und Wahrnehmung werden angepasst und damit ärmer und unselbstständiger. Es ist problematisch, wenn für die Kinder ihre eigene natürliche Welt gegenüber der Fern-Seh-Welt zweitrangig wird, wenn der Schein wichtiger als die kreative Auseinandersetzung mit sich selbst und der Umgebung wird. So entsteht Wirklichkeit aus zweiter Hand.
Die Arbeit mit Phantasiereisen ist auch ein Antwortversuch auf diese inneren und äußeren Einschränkungen, eine Ermutigung, auch der eigenen inneren Wirklichkeit zu trauen.

Dabei ist eines vorab wichtig: Wenn wir im pädagogischen Zusammenhang von Phantasiereisen sprechen, meinen wir angeleitete Übungen, die *nicht* in therapeutischer Absicht eingebracht werden. Das in jeder intensiven – also auch in dieser Arbeitsform – therapeutische Aspekte enthalten sind, ist klar und wirkt heilsam.

Grundsätzliche Überlegungen zu Phantasiereisen

Bevor Sie sich die Phantasiereisen im zweiten Teil ansehen, möchten wir Sie anregen, sich erst einmal mit dem Handwerk »Phantasiereisen« zu beschäftigen. Bereits in der Einleitung wurden die Phantasiereisen mit einer realen Reise verglichen. Ich möchte diesen Vergleich noch ein wenig fortführen, weil es für mich ein gutes Bild ist, um ein Gefühl für Phantasiereisen und ihre Anleitung zu bekommen. Eigentlich sind Phantasiereisen etwas Ähnliches wie ein großer gemeinsamer Ausflug, den eine/r organisiert und anleitet. Wenn Sie einen solchen bereits einmal durchgeführt und verantwortet haben, werden Sie die Parallelen schnell erkennen. Lassen Sie uns deshalb doch zunächst einmal einen normalen Ausflug ansehen:

Zunächst werden Sie entscheiden (allein oder gemeinsam), welches Ziel, welches Gebiet/welches Thema für diese oder jene Menschen interessant sind. Natürlich nicht nur das Endziel, sondern auch interessante Wege, Sehenswürdigkeiten, Etappen etc. unterwegs. Bei Phantasiereisen ist jeder Teil und Schritt des Weges interessant und wichtig. (*Die Wirkungsebenen der Phantasiereisen*)

Abhängig vom Alter der Menschen, ihrer Vertrautheit mit Reisen, ihrer Selbstständigkeit unterwegs werden Sie eine mehr oder weniger enge Leitungsform wählen – manchen müssen Sie alles zeigen, andere möchten möglichst viel selbst entdecken. (*Die verschiedenen Anleitungs-Ebenen*)

Dann werden Sie sich um ein adäquates Transportmittel bemühen, mit dem es allen Freude macht mitzufahren, das auch der Länge der Reise angemessen ist. (*Raumfrage, Haltungen etc.*)

Bevor es losgeht, fragen Sie, ob alle da sind, die mit wollen und ob alle mit wollen, die da sind. Manchmal gibt es noch Dinge, die erledigt werden müssen, damit der oder die eine noch mit können. (*Körperübungen, Anfangsrituale*)

Wenn alle eingestiegen sind, alle Sachen verstaut, die erste Aufregung sich gelegt hat, können alle tief durchatmen, sich zurücklehnen und neugierig die Reise beginnen. (*Einleitungssatz*)

Dann werden Sie entsprechend dem gewählten Reisestil die Reise moderieren, begleiten, von einem zum Nächsten führen, schauen, dass keiner verloren geht. Und die Teilnehmer werden das ihre aus der Reise machen, die Anregungen aufnehmen, sehen und erleben, eigene Seitenwege gehen, sich mit Mitgebrachtem beschäftigen oder auch die Reise verschlafen. (*Durchführung*)

Auch die längste Reise wird ein Ende haben und Sie müssen schauen, dass alle wieder gut ankommen und auch aussteigen. (*Abschluss*)

Die Erlebnisse einer solchen Reise gehen schnell verloren. Deshalb ist es gut, anschließend noch die Möglichkeit zu haben, sich Notizen zu machen, die Erlebnisse für sich festzuhalten, Bilder zu entwickeln etc. (*Ausdruck, Zeit zum Nachklingen*)

Beim gemeinsamen Nachtreffen können dann die Erfahrungen ausgetauscht werden und manchmal sieht man mit den Augen der anderen die Reise nochmals ganz neu. (*Austausch*)

Wenn Sie sich einen solchen Ausflug vor Augen halten, haben Sie ein ganz gutes Gerüst für die Gestaltung einer Phantasiereise. Im Folgenden möchten wir die einzelnen Punkte ein wenig näher ausführen.

Zu den Zielen und Wirkungs-
ebenen der Phantasiereisen

Es gibt eine Vielzahl von Geschichten, Anleitungen, Ideen, die alle zusammen den Namen Phantasiereisen tragen. Was ihnen gemeinsam ist, ist der Wunsch, die eigene Phantasie zu wecken, um Erfahrungen zu ermöglichen, die über die momentane Realität hinausgehen und die sich dadurch auch verändern kann.

Doch was verbirgt sich hinter der *Phantasie?* – Das ist – wenn ich es einfach ausdrücke – der kreative, schöpferische Umgang mit den Erinnerungen, Erfahrungen, Vorstellungen, Gedanken und Ideen, die all das repräsentieren, was wir bis dahin erlebt, gefühlt, erfahren, gelernt und gedacht haben. Und noch ein wenig mehr: C.G. Jung hat für dieses »Mehr« den Begriff des kollektiven Unbewussten geprägt – Erfahrungen also, die uns ohne unser Zutun zur Verfügung stehen. Angeregt durch die Worte, Bilder, Begriffe einer Phantasiereise wählen wir aus all dem das aus, was wir möchten – im Sinne einer aktiven Vorstellung – oder lassen zu, was sich ohne unser Zutun an Bildern, Ideen, Gefühlen und Vorstellungen in uns entwickelt. Meist geschieht eine Mischung aus beidem: Ich stelle mir etwas vor und ein Gefühl, eine Erinnerung kommt hinzu oder ein Bild taucht auf, und ich halte daran fest oder löse mich wieder.

Welche Assoziationen auftauchen, hängt im Großen und Ganzen von vier Faktoren ab: A. Von den äußeren Gegebenheiten, B. vom Inhalt der Geschichte, C. von den persönlichen Vorerfahrungen eines jeden und D. von der Art der Anleitung.

Zu A. Die äußeren Gegebenheiten, wie Raum, Ort, Atmosphäre, Beziehung zwischen Anleitenden und Zuhörenden, innere Gestimmtheit und Belastung, sind die Grundvoraussetzungen für das Erleben der Geschichte. Von ihnen hängt in hohem Maße mit ab, ob ich mich überhaupt auf eine Geschichte einlassen will oder kann.

Zu B. Viele Phantasiereisen werden erzählt, um den Zuhörenden zu helfen, sich zu entspannen. Dies geschieht durch die Wahl der Geschichten, die mit schönen und angenehmen Bildern in eine entsprechende Stimmung führen wollen. Es gibt eine Reihe von Grundbildern, die dafür besonders geeignet sind, z.B. die Sommerwiese, warmer Sand am Meer, Sonnenauf- und -untergänge, ein schaukelndes Boot auf dem See, eine Ballonreise, Träumen auf einer Wolke etc. (Sollten Sie bei einem dieser Stichworte bereits stocken und denken: Das würde mich aber nicht entspannen, lesen Sie dazu die Anmerkungen zu C.)

Die Geschichten in diesem Buch sind nicht an diesem Ziel orientiert, sondern suchen die bewusste Begegnung zwischen dem/r Zuhörenden und bestimmten Themen, die neue tiefere Erfahrungen schenken können; mit Themen, die helfen, sich meiner selbst bewusst zu werden, die dazu anregen nachzuspüren, was in uns an Antworten auf die Frage nach dem Sinn und Ursprung des Lebens zu finden ist. Indem ich z.B. biblische Geschichten als Phantasiereisen erzähle, suche ich mit meinem ganzen Wesen nach der Verbindung, nach der Beziehung, die dieser Text zu mir hat. Ich lasse vielleicht aber auch zu, dass ich dadurch ganz neue Erfahrungen geschenkt bekomme.

Natürlich können auch solche Phantasiereisen entspannend und wohl tuend sein (und sind es meist auch), aber diese Erfahrungen gehen darüber hinaus.

Zu C. Umgedreht ist es wichtig zu wissen, dass diese Ebenen der Selbsterfahrung und der spirituellen Erfahrung auch ungewollt durch jede einfache Entspannungsreise angesprochen werden können, wenn die Stichworte auf entsprechende (Vor-)Erfahrungen oder psychische Gestimmtheiten treffen. Durch die Auswahl der Impulse kann ich die Erfahrungen zwar beeinflussen, aber letztlich nicht festlegen.

Ein Beispiel: Ich möchte eine schöne, entspannende Reise anleiten und wähle das Bild eines Spaziergangs am Meer. Für die meisten ist dies ein Impuls für angenehme Bilder und Gefühle. Einem der Zuhörenden ist aber beim Spaziergang am Meer der Hund weggelaufen und nie wiedergekommen. Auch diese Erinnerung kann zurückkehren und damit auch die damit verbundenen Gefühle wie Trauer, Ärger etc. Hier wird Begleitung notwendig, damit diese Gefühle nicht unterdrückt werden müssen, sondern zugelassen und angenommen werden können.

Wenn Sie diesen inneren Prozess verstehen, wird die Wichtigkeit des Inhaltes der Geschichten, ja des einzelnen Wortes klar.

Zu D. Auf die verschiedenen Anleitungs-Ebenen wollen wir im nächsten Abschnitt ausführlich eingehen.

Fünf Anleitungs-Ebenen für Phantasiereisen

Nicht nur die Inhalte, sondern auch die Art und Weise, wie ich eine Geschichte erzähle, bewirken mit, in welcher Tiefe mich die Worte erreichen. Um mit Phantasiereisen arbeiten zu können, ist es hilfreich, die verschiedenen Anleitungs-Ebenen der Phantasiereisen unterscheiden zu können. So können Sie sich für die Arbeitsform entscheiden, die der Situation, den Teilnehmenden, den Möglichkeiten des/r Lehrenden/Verantwortlichen und den Inhalten angemessen ist.

Wir unterscheiden fünf Ebenen, und davon ist die erste Ebene eher eine Vorstufe. Die Vorstufe nennen wir Phantasiegeschichte.

- Phantasiegeschichte
- Gelenkte Phantasiereise
- Geführte/halb offene Phantasiereise
- Offene Phantasiereise/Imagination
- Aktive Imagination

Diese Ebenen sind alle miteinander verbunden und die Übergänge sind fließend. Sie sind eine theoretische Hilfe, damit die Unterschiede und Chancen deutlich werden können.

Phantasiegeschichte

Phantasiegeschichten knüpfen beim Erzählen und Vorlesen an. Gute Geschichten, die die Zuhörenden ganz in ihr Geschehen mit hineinnehmen, sind fast schon Phantasiegeschichten. Bei einer Phantasiegeschichte werden die Zuhörenden »nur« eingeladen, sich die Geschichte auch innerlich vorzustellen. Was oft unbewusst geschieht, wird hier bewusst einbezogen. In Phantasiegeschichten werden Erlebnismöglichkeiten beschrieben, an denen ich teilhaben kann. Dabei hilft es, durch Anregungen und Fragen immer wieder die Verbindung zwischen der Geschichte und dem eigenen Erleben herzustellen.

Chance: Auch kleine Kinder erleben solche Geschichten wegen ihrer »Story« gerne. Die Geschichten nehmen sie auch in Situationen mit hinein, die sie noch nicht erlebt haben, indem sie sie mit ihren Erfahrungen verknüpfen. Phantasiegeschichten bedürfen kaum einer Vorbereitung, Nacharbeit ist selten nötig – aber oft sinnvoll.

Schwierigkeiten: Die Geschichten sind Beteiligungsgeschichten, das eigene Erleben findet in der vorgegebenen Geschichte statt; ich erlebe, was die (Haupt-)Figur der Geschichte mitmacht. Das Erleben hängt stark davon ab, ob dem Zuhörenden die Geschichte gefällt oder nicht.

An einem Beispiel möchte ich die jeweilige Erzählweise der Phantasiereise erklären. Ich nehme für alle Ebenen den gleichen Grundtext – den Psalm 23. Diese Auswahl legt Phantasiereisen aber nicht auf den religiösen Aspekt fest. Vielmehr ist dieser Psalm in seiner Einzigartigkeit ein wunderbares Beispiel mit grundlegenden Bildern und Erfahrungen.

Der Psalm 23 als Phantasiegeschichte (Beispiel ohne Hin- und Rückführung)

Heute möchte ich euch die Geschichte von einem kleinen Schaf erzählen. Vor ein paar Tagen ist es erst auf die Welt gekommen und jetzt steht es schon mit festen Beinen auf der Wiese. Es ist neugierig, schnuppert hier und da an einer Blume und frisst ein wenig Gras. Die Sonne wärmt ihm den Rücken. –

Könnt ihr euch das kleine Schaf vorstellen? –

Die Tage bisher waren alle gleich gewesen, es hatte gefressen, bei seiner Mutter getrunken, mit den anderen Lämmern herumgetobt und an die Mutter gekuschelt geschlafen. Aber heute spürt es, dass etwas anders ist als sonst.

Die großen Schafe sind unruhig und drängen sich zusammen. Sie rufen ihre Lämmer. Auch unser kleines Schaf wird von seiner Mutter sanft am Fell gepackt und nach vorne geschoben. »Wir gehen heute den großen Weg«, sagt die Mutter. »Wohin?« fragt das kleine Schaf. »Das wirst du schon sehen. Aber lauf jetzt, wir müssen da sein, ehe es Abend ist.«

Und das kleine Schaf läuft los. Weil es neugierig ist, drängt es sich zwischen allen hindurch, bis es am Rand der Herde ist. Da sieht es über weite Wiesen, die sich bis zum Himmel ziehen. Das Blau sieht schön aus, – aber noch viel schöner sind die frischen Gräser, die direkt vor der Nase wachsen. Es bleibt stehen, schnuppert und frisst. Da hört es eine freundliche Stimme. »Na, dir schmeckt es wohl. Lauf, sonst gehst du uns noch verloren.« Schnell läuft es hinter den anderen her. Die sind jetzt stehen geblieben und drängen sich um eine glitzernde, rauschende Stelle.

– Kannst du dir vorstellen, was das ist? –

Unser kleines Schaf drängt sich wieder vor – und fällt fast ins Wasser. Es ist angenehm kühl. Es steckt die Nase hinein und prustet. Die großen Schafe schmunzeln über das kleine Lamm und trinken.

Schnell läuft es weiter und ist jetzt bei den Ersten, die sich wieder auf den Weg machen. Lange ziehen sie so voran. Der Weg führt immer weiter. Es geht langsam bergauf, die Wiesen werden magerer. Wo mag das wohl hingehen? – Unser kleines Lamm wird müde und hat gar keine Lust mehr zu laufen. Aber die großen Schafe bleiben nicht stehen und drängen immer weiter. Jetzt wird der Weg steinig, Felsbrocken liegen herum. Mal springt das kleine Lamm noch darüber, mal geht es müde drumherum. Immer langsamer wird es. Um es herum ist es dunkler geworden.

Als es aufblickt sieht es, das auf beiden Seiten hohe Felsen sind. Der Weg führt durch ein dunkles Tal. – Von vorne hört es die Stimme: »Seid vorsichtig! Bleibt zusammen. Kommt, ihr schafft das schon.« Aber es ist jetzt so müde, dass es am liebsten liegen bleiben möchte.

– Könnt ihr euch vorstellen, wie dem kleinen Schaf zu Mute ist? –

Da hört es die Stimme ganz nah: »Komm, das ist wohl noch zu viel für dich. Ich trage dich ein Stück.« Es spürt, wie es hochgehoben wird und starke Arme es festhalten. Es fühlt sich ganz sicher. – Langsam wird es wieder munter. Es blickt nach vorne und sieht all die anderen Schafe den schweren Weg gehen. Und wenn es nach oben sieht, kann es einen schmalen Streifen Himmel entdecken. – Nach und nach wird der Streifen Himmel wieder breiter und es spürt, das die anderen Schafe ganz aufgeregt sind und schneller laufen.

»So, jetzt kannst du auch wieder laufen«, hört es die Stimme und spürt den Boden unter den Füßen. Und dann steht es mit all den anderen auf der schönsten Bergwiese, die ihr euch vorstellen könnt. Es duftet nur so nach Blumen und Kräutern und leckeren Gräsern. Aus einer Quelle sprudelt frisches Wasser. Das kleine Lamm steht still und staunt. – Der Blick geht über das weite Land. Am Himmel ziehen die ersten Abendwolken auf. Der Mond ist auch schon zu sehen und einige Sterne blinken. Das kleine Lamm sucht seine Mutter und kuschelt sich an sie. – »Hier möchte ich nie mehr weggehen«, sagt es.

Gelenkte Phantasiereise

Im Gegensatz zur Phantasiegeschichte beschränkt sich die gelenkte Phantasiereise auf das Grundgerüst der Geschichte und lässt jeden Satz zu einem Impuls werden, den der/die Zuhörende in den kurzen Zeiten dazwischen selbst mit eigenen Vorstellungen füllen kann. Auch die gelenkte Phantasiereise wird meist nicht nicht im Du-Stil erzählt, kann und soll aber durch Fragen zur eigenen Befindlichkeit geöffnet werden.

Chance: Gelenkte Phantasiereisen sind eine gute Einübung; die Teilnehmenden und der/die Anleitende haben ein klares Geländer für die Bilder; dadurch kommt es selten zum Ausufern der Phantasie; eigene seelische Erfahrungen kommen eher versteckt vor. Diese Form eignet sich gut für Anfänger; sie kann stärker lernorientiert eingesetzt werden; es ist viel Sicherheit und Distanz möglich.

Schwierigkeiten: Durch die Vorgabe und deutliche Führung wird der Erfahrungs-spielraum eingeengt; äußere Impulse werden für die Teilnehmer schwerer zu eigenen Bildern; es ist zu viel Distanz möglich, manche Leute steigen aus, wenn die Geschichte nicht ihre Sache ist; auch die Reaktion des/der Anleitenden ist nicht ganz frei – er/sie ist stark an die Geschichte gebunden;

☽

Die Teilnehmenden entscheiden bei dieser Phantasiereise selbstbewusst oder unbewusst – wieweit sie sich auf das Geschehen einlassen.

Der Psalm 23 als als gelenkte Phantasiereise (Beispiel ohne Vorbereitung und Rückführung)

Heute wollen wir einen Hirten im Land Israel auf seinem Weg begleiten. Stellt euch eine weite Landschaft vor, mit saftigen Weiden, durch die sich ein Fluss zieht. Weiter hinten seht ihr die Berge. –

Der Hirte steht mit seiner Herde von Schafen, Ziegen und einem Esel auf einer der sattgrünen Wiesen. Die Sonne scheint. – Könnt ihr sie spüren?

Die Tiere bekommen Durst. Der Hirte zieht mit der Herde zum Fluss. Dort gibt es kühles klares Wasser. Alle trinken. – Vielleicht möchtet ihr auch zum Wasser gehen. Dann tut dies in eurer Vorstellung.

Gestärkt und erfrischt wandert die Herde weiter. Von dem Weg aus kann man das Land gut übersehen. – Schaut auch ihr euch das Land um euch herum an – Der Weg führt nun langsam bergauf. Der Hirte wandert auf ein Tal, eine Schlucht zu, die ganz zu dem Berg hinaufführt.

Ihr könnt in eurer Vorstellung mit ihnen mitgehen ...

Nach und nach wird das Tal enger und kühler. Der Weg wird beschwerlich und auch ein wenig dunkler. Über der Herde ist der Himmel noch gut zu sehen. (Je nach Intensität kann das Tal dunkler oder wieder heller werden.) Mit seiner Herde durchwandert der Hirte dieses Tal. Er hält oft an und schaut zurück, damit niemand verloren geht. Liebevoll begleitet er seine Herde. Er hat zum Schutz einen dicken großen Stock.

Langsam öffnet sich das Tal wieder. Die Herde ist auf einem Berg. Dort wächst wunderbares Gras. Hier kann die Herde lange bleiben. Sie kann sich niederlassen und satt werden. Es ist gut hier. Bleibt noch ein wenig bei ihnen.

Geführte und halb offene Phantasiereise

Die Erfahrungsräume öffnen sich bei dieser Art von Phantasiereisen. Der Mensch wird direkt angesprochen, der/die erfahrene Anleitende kann sogar in den Dialog mit den Teilnehmenden gehen und zum Beispiel fragen, wo sie jetzt sind oder ob sie noch Zeit brauchen. Die einzelnen Sätze müssen ruhig und mit einfühlsamen Pausen gesprochen werden, damit die Zuhörenden ihre Assoziationen zulassen können.

Chancen: Die Teilnehmer werden von vorneherein auf ihre eigenen Erfahrungen angesprochen; sie spüren, es geht um sie selbst: Ich erlebe etwas; ihre Motivation kann so höher sein; die Teilnehmenden werden offen für die Grundimpulse der Geschichte und verbinden sie mit eigenem Erleben.

Schwierigkeiten: Durch diese Offenheit haben die Zuhörenden mehr Raum, ihre eigenen Vorstellungen zuzulassen. Dies kann zu Widersprüchen und damit zum Aussteigen aus der Geschichte führen. Auch begegnen die Menschen stärker sich selbst und dies kann anstrengend und manchmal auch erschreckend sein. Diese Phantasiereisen brauchen (fast immer) nachher eine Zeit, in der der Mensch sich ausdrücken kann und in der er/sie seiner/ihrer Erfahrung Gestalt gibt. Manchmal ist Begleitung nach der Phantasiereise notwendig.

O

Diese Anleitung kann und soll während des Sprechens auf die Gruppe abgestimmt werden.

Der Psalm 23 als gelenkte/halb offene Phantasiereise (Beispiel ohne Vorbereitung und Rückführung)

Stell dir vor, du bist mit einem Hirten unterwegs. Er will dich den Weg führen, den er sonst mit seiner Herde geht.

Euer Weg beginnt auf einer grünen Wiese. Die Sonne scheint. Du hast dich ausgeruht ...

Gemeinsam brecht ihr auf. – Euer Weg führt zuerst zu einem Bach. – Dort ist frisches klares Wasser. – Du kannst dich stärken, trinken und dich erfrischen ...

Ihr geht weiter. Der Weg ist gerade, du siehst das ganze Land vor dir ...

Nach und nach führt der Weg den Berg hinauf. Du steigst mit dem Hirten empor ...

Ihr kommt in ein Tal zwischen zwei Bergen. Es geht weiter bergauf. Das Tal wird enger und dunkler. (Je nach Intensität kann das Tal dunkler oder wieder heller werden.)

Du siehst am Ende des Tales Licht. Ihr verlasst das Tal ...

An einem geschützten Platz steht ein Haus, davor ist ein großer Tisch. Der Tisch ist für dich gut gedeckt. Du bist eingeladen. Du darfst hier bleiben und hier wohnen, solange du willst.

Offene Phantasiereise/Imagination

Diese Phantasiereisen haben noch weniger Impulse und geben dem Hörer große Erlebnisfreiheit. Wichtig ist auch hier eine ruhige Anleitung mit genügend großen Pausen zwischen den einzelnen Bildern. Die Impulse führen (eventuell) zu unterschiedlichen Wegen bei den Teilnehmenden, die nur durch offene und weite Anleitungen aufgefangen werden können.

Chancen: Die eigenen Möglichkeiten und (bewussten und unbewussten) Befindlichkeiten dringen in diese Phantasiereise; die Teilnehmenden zeigen viel von sich; die Erfahrungen des Textes werden unmittelbar zu eigenen Erfahrungen; dies kann heilsam sein.

Schwierigkeiten: Da die Anleitung große Erfahrungsräume eröffnet, kann dies auch schmerzhafte Erfahrungen und Prägungen wieder wachrufen; der Mensch begegnet sich intensiv selbst – vielleicht ohne dass dies gewünscht ist oder vereinbart war; die Kompetenz und Bereitschaft des Anleitenden für die Nacharbeit muss vorhanden sein; Vertrauen und intensive Beziehung zu den Teilnehmenden ist Voraussetzung; spätestens hier beginnt eine intensive persönliche Begleitung, die auch Klarheit und Grenzen braucht.

O

Diese Anleitung hat eher noch zu viel Impulse, d.h. sie dauert lange und die Phantasiereise bedarf auch der Geduld und der Gelassenheit.
Bei dieser Art der Phantasiereise ist es unbedingt notwendig, dass die Teilnehmer ihren inneren Wegerfahrungen Ausdruck geben können, sei es durch Malen, Tonarbeit, Ausdruckstanz ... (Siehe dazu den entsprechenden Abschnitt.)

Der Psalm 23 als offene Phantasiereise/ Imagination (Beispiel ohne Vorbereitung und Rückführung)

Du liegst auf einer Wiese. Schau dich um. Siehst du den Himmel, Tiere, Bäume? Gönn' dir Zeit zum Verweilen und nimm wahr, wie es dir geht ...
In der Nähe rauscht ein Bach. Hörst du ihn? Geh zu ihm, vielleicht magst du dich erfrischen und stärken. Spüre das Wasser in deinem Gesicht oder auf deiner Hand.
Vom Wasser führt ein gerader Weg zum Berg hinauf. Er führt duch eine Schlucht, durch ein tiefes Tal nach oben. Ich lade dich ein, durch dieses Tal zu gehen ...
(Falls jemand nicht durch das Tal wandern möchte, kann er außen herumgehen. Dort ist ein längerer Weg mit vielen Windungen. Du gehst dort selbst weiter. Oben treffen wir uns wieder. Mit den anderen gehe ich durch das Tal weiter.)
Seid ihr alle unterwegs? Mal wird es dunkler sein, mal heller ...
Geh ruhig weiter. Du bist hier sicher, auch wenn es noch dunkler wird. – Schau zum Himmel. Dort oben siehst du das Licht ...
Langsam gehst du bis zum Ende des Tals. – Sind alle da?
(Handzeichen erbitten und warten, eventuell brauchen einige noch konkrete Anleitungen zum Weitergehen. Ich wende mich diesen Einzelnen zu; bis jetzt ging die Reise dann immer weiter.)
Wir sind jetzt alle oben auf dem Berg. Du siehst ein Haus mit einem Tisch davor.
Der Tisch ist für dich reichlich gedeckt. Nimm Platz, es ist dein Platz. Hier kannst du zu Hause sein.

Aktive Imagination

Die Aktive Imagination ist eine therapeutische Arbeitsform und hat in der *pädagogischen* Arbeit keinen Ort. Die Aktive Imagination hat ihren Raum in der Gruppen- oder Einzelarbeit im Bereich der Beratung und der geistlichen Begleitung. Sie verbindet persönliche Lebensgeschichten bzw. spirituelle Aspekte mit einer Imagination. Dabei kann es durchaus sein, dass bei einer Gruppe der/die Anleitende/Begleitende das seelische Grundbild der Wiese aufnimmt und die Gruppe zu einer persönlichen Imagination einer Wiese und ihres Umfeldes einlädt. Oder er/sie nimmt den Impuls des frischen klaren Wassers am Bach auf und lädt ein, zur Quelle zu gehen. Der Psalm 23, wie angedeutet, ist eine Folge wichtiger Grundbilder.

Der Psalm 23 als Aktive Imagination (Beispiel ohne Vorbereitung und Rückführung)

Ausgangssituation: Eine Frau tat sich schwer, sich selbst Raum zu nehmen, für sich Zeit zu haben und sich etwas zu gönnen. Sie empfand eher ihre Belastungen, als dass sie glückliche Momente wahrnahm.Der/die Anleitende nimmt dies auf und lädt sie ein, sich Folgendes vorzustellen:

Du gehst über einen Weg und kommst zu einer Wiese ... Nimm dort Platz, so wie es dir jetzt angenehm ist. Spüre den Boden, ... schau zumHimmel, ... schau dich um. Was umgibt dich? ... Was würdest du jetzt gerne tun? ... Vielleicht kommt auch jemand vorbei und begegnet dir. Du hast Zeit, lass das Bild geschehen.

Was sich einfach anhört, ist auch in der Anleitung oft kurz und knapp. Dazwischen ist Zeit, damit der/die Zuhörende seine/ihre inneren Impulse zulassen kann. Durch den Bezug zur eigenen Lebensgeschichte wird dies zugleich sehr intensiv: Es geht dann um die eigene direkte Erfahrung mit der Wiese, z.B. um das Erlebnis, wie gut es tut, sich einmal ohne Arbeit gemütlich hinlegen zu können oder den Wunsch zu spüren und es nicht tun zu können. Die Gefühle und Eindrücke werden (in der Begegnung mit dem/r Anleitenden) während oder nach der Imagination aufgenommen und die Teilnehmenden versuchen, diese auch verbal und nonverbal auszudrücken.

Chance: In der Begegnung mit mir selbst kann ich entdecken, was mich weiterführt. Im geschützten Raum kann ich – auch belastende – Erfahrungen wieder zulassen und neu integrieren.

Schwierigkeit: Diese Arbeitsweise setzt die Bereitschaft zur Selbsterfahrung voraus. Auch muss jede/r wissen, dass er/sie den Prozess unterbrechen kann und darf, wenn es ihr/m zu weit geht. Trotzdem kann es unerwartete Erfahrungen geben, die eine entsprechende Begleitung brauchen.

Nachbemerkung: Die fünf Anleitungs-Ebenen werden nicht immer so klar eingehalten werden. Es gibt auch Mischungen, sodass zum Beispiel in eine gelenkte Phantasiereise oder auch in eine Phantasiegeschichte Phasen offener Imagination eingefügt werden. Dadurch kann die Grundstimmung besser vorgegeben werden und die eigene Erfahrung ist geschützter. Die Intensität der Geschichte wird durch die weitestgehende Anleitungsform bestimmt.

Phantasiereisen in den verschiedenen Altersgruppen

Oder: Welche Phantasiereise für welches Alter?

Die folgende Darstellung ist der Versuch, vom Verständnis der verschiedenen Entwicklungsstufen her Überlegungen zu Form und Inhalt von altersangemessenen Phantasiereisen zu entwickeln.

Zunächst einige *grundsätzliche Vorbemerkungen:*
In diese Ausführungen sind verschiedene Entwicklungsmodelle aus Pädagogik und Psychologie eingeflossen. Ich möchte sie so darstellen, wie sie sich auf Grund meiner Erfahrung und Reflexion verdichtet haben. Dabei habe ich einige Begrifflichkeiten verändert, weil sie mir so einleuchtender und klarer beschreiben, was wesentlich ist. Darüber hinaus möchte ich das Ende der Entwicklung grundsätzlich offen lassen, da die Entwicklung der Person – der Persönlichkeit – kein abgeschlossener Prozess ist, sondern eine ständige weiterführende Vertiefung erfährt.

Absicht der Menschwerdung kann für mich nur sein, dass der Mensch zu dem wird, als was er/sie von Anfang an gedacht ist. Das heißt, der Mensch entdeckt den Sinn des eigenen Lebens, nimmt ihn an und lebt ihn. Auf der geistlichen Ebene heißt dies, der Mensch entdeckt sich als Ebenbild Gottes, als das *Abbild* Gottes (du lebst in mir und ich lebe in dir).

Um einzelne Schwerpunkte der Entwicklung hervorzuheben, erscheint mir nach wie vor ein Phasenmodell sinnvoll. Natürlich weiß ich, dass der Mensch in jeder Phase seines Lebens viel mehr und *Phasenuntypisches* lernen kann. Dies bezweifele ich nicht und bin dankbar, dass dies durch die psychologische Forschung deutlich wurde. Dies kann jede/n ermutigen, immer wieder neu anzufangen, Versäumtes aufzuholen, nach- und dazuzulernen. Kostbar zu wissen, dass wir bildungs- und lernfähige Menschen im ganz umfassenden Sinne sind. Und trotzdem, es gibt Phasen, in denen die menschliche Entwicklung stimmig und damit hilfreich zu erklären abläuft. Sie sind eine brauchbare und fördernde Orientierung, wenn sie nicht als ein Plan missverstanden werden, nach denen sich Menschen entwickeln müssen.

Drei Kriterien sind für mich für ein Phasenmodell grundlegend:

- Die Phasen sind in der Entwicklungszeit großzügig anzusetzen und überlappen sich.
- Diese Phasen sind nicht auf die Kindheit beschränkt, sondern wir erleben sie auch in manchen Stadien des späteren Lebens wieder. Dieses nochmalige Erleben muss keine Regression sein, sondern kann ein bewusstes Durchleben in der heutigen Lebensphase bedeuten.

Ein Beispiel: Der Mensch kann nicht symbiotisch in die Verschmelzung mit der Mutter zurück, aber er kann sich bewusst werden, dass er eine Sehnsucht nach Symbiose hat. Vielleicht kann er sie neu und bewusst in Phasen einer Partnerschaft zulassen.

- Die Phasen lassen Wandlungsprozesse zu, die den Menschen zur Mündigkeit, zu Vertrauen und Verantwortung befähigen.

Phasen sind also nicht statisch zu verstehen, sondern sie beschreiben einen dynamischen Prozess, der sich durch das ganze Leben zieht. Damit ist es gut möglich, dass wir noch weitere Phasen des Lebens entdecken.

Die Entwicklung des Menschen

Vorphase

Wir wissen, dass die Phase des Heranwachsens im Mutterbauch eine Prägung des Kindes bedeutet. Die Art und Weise der Teilnahme an dieser Welt, die Aufmerksamkeit, die das Kind erfährt, die ersten Erfahrungen von Freude und Leid, die es mit der Mutter teilt – all dies bringt es bei der Geburt bereits mit. Die Geburt selbst ist ein spirituelles Ereignis höchsten Ranges. Im Dabeisein und auch in der Anteilnahme an der Geburt begegnet der Mensch Angst und Freude, Tod und Leben, Glück und Schmerz, Dankbarkeit und entlastenden Selbstverständlichkeiten ...
In der jüdisch-christlichen Tradition gibt es für die Geburt ein wunderbares Bild: Bei der Geburt haucht Gott dem Menschen seinen *Atem* (im hebräischem ist der *Ruach* weiblich), d.h. seine Kraft, seine Energie, seinen Geist ein.

Die symbiotische Phase

Die symbiotische Phase beginnt mit der Geburt und reicht bis etwa in den 18. bis 36. Lebensmonat. Das kleine Kind lebt in einer intensiven Abhängigkeit von den Eltern. Die symbiotische Beziehung, in der Regel (durch das Stillen) stärker zwischen Mutter und Kind, prägt diese Phase. Das Kind erlebt sich zu Beginn nicht von seiner Umwelt differenziert und übt nach und nach erste Differenzierungen ein. Es beginnt, sich nur langsam von den Eltern wegzubewegen – dies ist auch wörtlich gemeint. Auch wenn die Grundsymbiose zu Vater und Mutter abnimmt, braucht das Kind die Vergewisserung: Du bist unabdingbar für mich da, du bist verlässlich.

Spirituelle Auswirkungen

In dieser Altersphase übt das Kind Urvertrauen ein. Es lernt, den Menschen und dem Urgrund des Lebens zu vertrauen. Der Name Gottes: »Ich bin da. Ich begleite dich« verdeutlicht die zuverlässige Nähe und Gegenwart des »Seinsgrundes«.

Auswirkungen für Phantasiereisen

Innere Bilder und äußere Bilder können kaum oder gar nicht unterschieden werden. Das Kind liebt Lautmalereien genauso wie erste kleine Geschichten und Erzählungen. Das Kind erlebt sich und seine Umwelt mit allen Sinnen und baut erst langsam ein Realitätsbewusstsein auf. Das Kind ist selten später so sinnlich wie in dieser Phase; es wäre schön, wenn es einiges davon bewahren dürfte. Phantasiereisen in irgendeiner Form sind noch nicht angebracht.

Die magische Phase

Sie dauert von ca. 1 1/2 Jahren bis zum Alter von 4 oder 5 Jahren. Ich könnte diesen Zeitraum noch weiter ansetzen, weil die magische Phase mit anderen Phasen überlappt und auch im Erwachsensein (nicht nur als Sehnsucht) immer wieder auftauchen kann. Wenn das Wünschen noch Wirklichkeit ist, wenn die Welt immer wieder heil wird, Geheimnisse noch Geheimnisse sind, wenn Wundern und Staunen alltäglich sind, dann erlebt das Kind die magische Phase.

Es ist für das Kind wirklich so: Es wünscht sich etwas und es geschieht; etwas tut ihm weh und Pusten hilft; es spricht mit Engeln und sieht sie; es erfasst intuitiv Geheimnisse des Lebens – ohne jede Sprache; es hat Kontakt mit dem Urgrund des Lebens und findet nichts dabei ... Für das Kind ist die innerlich erlebte Welt genauso real wie die äußere. Oft unterscheidet es beide Welten nicht, sie sind eins. Und das Kind wünscht sich, dass die unmittelbare Welt, zu der es Bezug hat, heil ist bzw. immer wieder heil wird. Es kann mit Störungen dann umgehen, wenn sie in »Harmonie« aufgelöst werden.

Unsere Zeit hat diese Phase des Menschseins sträflich vernachlässigt bzw. rational aufgelöst. Vor einigen Jahren begegnete mir ein kleiner Junge, der »unheimlich« viel wusste, aber wenig Gefühl ausstrahlte. Er stellte sich vor: »Ich bin der kleine Klugscheißer«. Verstehen und Wissen hatten das Staunenkönnen bereits weitestgehend abgelöst; er war nur bestrebt, die äußere Welt zu erfassen. Ich war traurig, ich spürte, hier verkümmert ein Menschenkind. Und die Eltern waren eventuell noch stolz, weil ihr Kind schon so viel wusste.

Spirituelle Anmerkungen

Für spirituelle Erziehung ergeben sich Anfragen an viele Haltungen, die die magische Phase nicht berücksichtigen:

• Wie kann ich angemessen und ohne Unwahrheit von Nikolaus, Weihnachtsmann, Jesu Geburt, Geschenken, Osterhasen usw. erzählen – (die Wahrheit der Erwachsenen zum Beispiel, dass sie schenken und nicht das Christkind, ist auch nur die halbe Wahrheit)?
• Wie kann ich mit Wundergeschichten – also Geschichten des Heilwerdens – umgehen, die für diese Altersphase einfacher nachvollziehbar sind als für uns?

Dieses Buch kann diese Fragen nicht beantworten, aber es möchte anregen, das magische Erleben der Kinder ernst zu nehmen. Warum können wir nicht von ihnen lernen, das Geheimnis im Erklärbaren zu entdecken? Wenn zum Beispiel der Nikolaus kommt und sich vor den Kindern umzieht, geschieht oft das Verblüffende, dass trotz allen Wissens der Verkleidete als der wirkliche Nikolaus empfunden wird!

Auswirkungen für Phantasiereisen

In diesem Altersabschnitt sind besonders Phantasiegeschichten (siehe Seite 18) angemessen. Angeleitete Phantasiereisen sind eher eine Überforderung. Das Kind lebt seine Phantasie und lebt auch Phantasiegeschichten innerlich nach. Es hört dabei die Geschichten gerne immer wieder im selben Wortlaut. Wiederholen Sie die Geschichten ruhig recht ähnlich und bauen Sie ab und zu Neues in eine Geschichte ein.

Die mythische Phase

Diese Phase erlebt das Kind in der Zeitspanne zwischen 4 und 10 Jahren. Der Schwerpunkt liegt in der letzten Kindergartenzeit und im Grundschulbereich.

In dieser Phase erlebt und gestaltet das Kind Mythen. Es möchte Held, Retter, König, Indianerhäuptling, Kung-Fu-Spezialist oder auch Königin, Prinzessin, Agentin, Kommissarin usw. sein.

Das Kind erlebt diese Figuren innerlich und spielt sie weiter aus. Das kindliche Rollenspiel nimmt nur einige Aspekte davon auf. In seiner Innenwelt nimmt es viele Figuren auf und so rettet und heilt es in seinen Phantasien andere Menschen. Nicht nur für die soziale Entwicklung geschieht hier Wesentliches; das Kind gestaltet auch hoffnungslose Situationen und wird selbst zur Hoffnung. In dieser Phase gewinnt es die Kraft, Visionen zu leben.

Oft findet in der Innenwelt etwas statt, was in der Außenwelt, d.h. gegenüber Freunden, Schulklassen, Geschwistern usw. nicht gelebt werden kann. Es bildet sich eine zweite stärkere Identität heraus, die durchaus mit der anderen verbunden ist. Ein Nachteil: In diesem Alter gibt es massive rollenspezifische Prägungen; die Jungen besetzen gerne die Heldenrollen, die Mädchen sind oft sehr eingeengt. Hier gilt es, solche Engführungen aufzulösen, Alternativen anzubieten und neue Gestalten einzuführen. Mädchen wie zum Beispiel Pippi Langstrumpf und Ronja, Räubertochter, brauchen wir noch viele.

Spirituelle Anmerkungen

Religiös setzt in dieser Altersphase eine Idealisierung und eine Identifizierung mit dem biblischen Retter, den Helfergestalten und auch mit Heiligen ein. Sie werden zu Vor-Bildern, also zu inneren Bildern und damit auch zu Grundtypen des Menschseins.

Machen Sie sich in diesem Zusammenhang auch deutlich, was es für ein Kind heißt, wenn mit Jesus das Gute, der Retter, der Heilende gefangen und ermordet wird. Es stirbt die Idealgestalt.

Unsere Antworten, warum dies Sinn ergibt und sinnstiftend ist, warum Tod und Auferstehung Konsequenzen dieses Lebensweges sind und die Liebe Gottes dadurch nicht zerstört wird, muten oft sehr theoretisch an und wirken meist distanziert oder sprachlich abgehoben.

Ich vermute, dass es für die und in der Lebenswelt der Kinder dafür kaum nachvollziehbare und aufnehmbare Antworten gibt. Auch wenn alles nur Versuche sind, hier sollten wir weiter gehen. Ein kleiner Beitrag können dazu die Phantasiereisen zum Themenbereich Sterben und neues Leben sein.

Auswirkungen für Phantasiereisen

Kinder dieses Alters sind sehr empfänglich für geführte Phantasiereisen. Sie können in diesen Phantasiereisen vorkommen, ohne dass diese in der »Ichform« erzählt werden. Die Kinder identifizieren sich mit der Leitfigur, aber auch mit einer Leidensfigur, zum Beispiel mit dem Mädchen, das in H.C. Andersens Schneekönigin friert und stirbt. Achten Sie bitte sehr darauf, dass die Phantasiereisen klar anfangen und noch deutlicher beendet werden. Falls Sie merken, dass schwierige Erfahrungen gemacht werden, lassen Sie diese malen oder die Gefühle dazu in der Arbeit mit Ton ausdrücken. Dies nimmt, auch wenn das seltsam klingt, die innere Sprachlosigkeit und bannt das »Erschrecken«.

Die Phase der Bewusstwerdung

Diese Phase beginnt am Ende der Grundschulzeit und vertieft sich ab dem zwölften Lebensjahr. Besonders Mädchen erleben diese Bewusstwerdung intensiv, Jungen folgen in dieser Phase später. Diese Phase endet nicht, hat aber mit 15/16 Jahren einen ersten Abschluss.

In dieser Phase wird sich der Mensch seiner selbst bewusst. Er/sie fängt an sich zu bedenken. Der Philosoph Descartes hat mit seinem berühmten Satz »Ich denke, also bin ich« eigentlich nur eine Phase des Menschseins aufgenommen und Menschsein damit reduziert.

Der Verstand durchdringt nun mehr oder weniger die Erfahrungen des Menschen. Es ist notwendig, dass der junge Mensch anfängt, sich zu reflektieren, zu verstehen und die Welt kognitiv zu erforschen. Wichtig ist, dass er auch seine früheren Erfahrungen erfasst und durchwirkt. Schade allerdings, wenn die früheren Erfahrungen des Kindes abgewertet und in Richtig oder Falsch eingeteilt werden.

Kennzeichnend für diese Phase ist eine starke Verstandesorientierung, die aber oft mit romantischer Sehnsucht verbunden ist. Verliebt sein und unvernünftig sein gehören genauso dazu wie knallharte Diskussionen, wissenschaftliches Begreifen und der Versuch, geistig die Welt zu erfassen. Naivität und geniale Gedanken liegen dicht beisammen.

Junge Menschen sind dann von einer großen Sehnsucht nach Bewusstseinserweiterung erfasst. Sie merken, dass ihr Begreifen Grenzen hat und dass die Welt aus mehr besteht, als wir Menschen erklären können.

Gleichsam nehmen sie Anteil an der Umwelt, an der Schöpfung und leiden mit den Geschöpfen. Sie verwirklichen Sympathie, was wörtlich Mitleiden, Mitfühlen heißt.

Spirituelle Anmerkungen

Junge Menschen versuchen in diesem Alter, auch ihre religiösen Erfahrungen von der Vernunft her zu begreifen, logisch zu erfassen und Ungereimtheiten zu entdecken. Diese Phase ist unverzichtbar und hilft ihnen, mit ihren religiösen Erfahrungen erwachsen zu werden. Geistliche Erfahrungen brauchen die Reflexion und das Bewusstwerden der verschiedenen Wirklichkeitsebenen:

- der Wirklichkeit des Unsichtbaren, z.B. der Liebe
- der Wirklichkeit des Staunens
- der Wirklichkeit der Armut und der Verantwortung
- der Wirklichkeit der Freiheit und der Begrenzungen
- der Wirklichkeit der Emotionen, z.B. Hass, Wut, Leidenschaft, Hingabe
- der Wirklichkeit der aktiven Veränderung und Gestaltung.

Gleichzeitig kommt es darauf an, dass die früheren religiösen Erlebnisse und Entdeckungen wahrgenommen werden. Bitte in dieser Phase nicht die Vermittlung von Wissen mit der Erfahrung von inneren Prozessen verwechseln! Sich als Teil der Schöpfung zu erfahren, ist wesentlich und etwas anderes, als nur Informationen über das Entstehen der Welt zu bekommen.

Auswirkungen für Phantasiereisen

Jugendliche lieben in diesem Alter Phantasiereisen, die das Bewusstsein öffnen und ihnen andere intensive Erfahrungen ermöglichen. Phantasiereisen können im Ich-Stil geschehen, die Erfahrung darf unmittelbar treffen. Sie sollen offen sein und Raum für eigene Gestaltung und eigenen Ausdruck bieten. Auch Phantasiereisen zur Musik – ohne Texte – wirken gut, weil die Musik Gefühle und Erfahrungen anstoßen kann. Zum Beispiel habe ich intensive Erfahrungen mit dem *Bolero* von Ravel (auch bei Hauptschülern) oder mit Mussorgskys *Bilder einer Ausstellung* gemacht. Wichtig ist, dass junge Leute verstehen, warum sie so etwas mitmachen sollen.

Erfahrungen sollen bewusst werden, nur so können sie reflektiert und integriert werden. Die Verarbeitung und Gestaltung, ja der Ausdruck innerer Prozessse sind in diesem Alter unverzichtbar. Viele junge Menschen neigen dazu, Erfahrungen zu suchen, aber sie in keiner Weise zu verarbeiten und auszudrücken. Sie möchten sich nicht darstellen. Andererseits suchen sie Ventile, um sich zu äußern, sich zu empfinden und mit sich selbst in Kontakt zu kommen. Damit sollten wir einfühlsam umgehen. Es ist sinnvoll, dass die Aussprache der Erfahrungen in sympathieorientierten Kleingruppen geschieht. Akzeptieren Sie, dass Mädchen zum Beispiel unter sich sein wollen.

Als besondere Ausdrucksformen bietet sich hier auch Ausdruckstanz, zum Beispiel zu Rockmusik oder Klassik an.

Die spirituell-integrative Phase

Diese Phase beginnt schwerpunktmäßig etwa ab dem 14. Lebensjahr und begleitet uns wie die Bewusstwerdung – hoffentlich – ein ganzes Leben.

Ich möchte es an einem Beispiel verdeutlichen: In einem Gruppengespräch sagte eine junge Frau, meine Erlebnisse und Erfahrungen mit meinen Eltern, mit der Kirche, mit den anderen Menschen sind gut. Natürlich gab es auch heftige Auseinandersetzungen, aber mein Leben war wie ein Weg, ich bin alles Schritt für Schritt gegangen und ich finde alle Schritte wichtig.

Diese Frau ist sich ihres Lebens bewusst geworden und integriert nun die einzelnen Erfahrungen. Sie kann wütend oder dankbar sein, aber immer kann sie ihr Werden annehmen. Sie übernimmt in dieser Phase selbst Verantwortung für ihr Leben, sie macht nicht mehr andere verantwortlich; sie ist verantwortlich. Dabei werden mehr und mehr auch die spirituellen Grunderfahrungen des Lebens als wesentlich und heilsam erkannt. Diese sind zwar oft von Vorbild-Personen geprägt, aber in dieser Phase wird der Mensch sich seiner Einzigartigkeit und seiner Ursprünglichkeit bewusst: Er/sie entdeckt, dass er/sie nur seinen/ihren eigenen Weg gehen kann und nicht den Weg der Freundin oder der Eltern oder ...

Der Versuch, *ich selbst zu sein*, beginnt mit der Annahme des eigenen Ursprungs, der eigenen Entwicklung, des symbiotischen, des magischen, des mythischen Erlebens und der manchmal glücklichen, manchmal schmerzhaften Bewusstwerdung des eigenen Personseins oder des eigenen Selbst. Der Mensch erkennt die Notwendigkeit sich selbst zu lieben, ohne Egoist zu sein.

Spirituelle Anmerkungen:

Diese Phase ist durch drei Grundfragen bestimmt:
- Wer bin ich?
- Was ist meine Aufgabe?
- Was trägt mich im Leben wirklich?

Diese drei Fragen werden meist nicht bewusst gestellt, sie beschreiben aber die Sehnsucht des Menschen. Es geht nicht mehr darum, dass der Mensch Wissen anhäuft – auch wenn dies immer noch gesellschaftlich im Vordergrund steht, sondern dass er die Antwort auf diese drei Fragen mehr und mehr entdeckt und im Leben erfährt. Das Vertrauen zum und in den Urgrund des Lebens lässt sich nur wagen, ausprobieren und letztlich erfahren.

Dabei kann der Mensch in der jetzigen Phase des Lebens fehlende Erfahrungen aus den anderen Phasen des Lebens neu machen und ausgleichen und integrieren. Es geht aber nicht um einen Rückwärtsgang (also eine Regression), sondern um ein Neu-Werden, das die Ebene des Bewusstwerdens, der Vernunft und des Verstandes aufnimmt und nicht ausschließt. Dabei entdeckt der Mensch auch, dass er/sie sich von alten magischen und mythischen Kindheits-Wünschen, z.B. »Alles wird wieder gut« oder »Der Prinz wartet auf mich« oder »Ich bin Retterin« löst und verabschiedet, gleichzeitig aber die Fähigkeit und Kraft dieser Phasen (zu vertrauen, zu hoffen und zu wagen) bewahren und in sein jetziges Leben integrieren kann. Die Grundfähigkeit dieser Phase ist die Liebe.

Auswirkungen für Phantasiereisen

In den Phantasiereisen können alle Anleitungsformen aufgenommen werden, am wesentlichsten aber sind offene Phantasiereisen und der Bereich der aktiven Imagination. Die Arbeit mit seelischen Grundbildern, wie Wiese, Quelle, Licht (siehe auch die Ausführungen zum Psalm 23) sollten im Vordergrund stehen, ebenso die Auseinandersetzung mit Träumen. Es ist selbstverständlich, dass diese Arbeit klarer Absprachen bedarf; sie ist eindeutig persönlichkeitsbildend. Nur erfahrene AnleiterInnen (mit eigener Praxis und Reflexion) sollten in diesem Bereich arbeiten. Hier ergänzen sich wunderbar geistliche und therapeutische Möglichkeiten. Eine intensive Berücksichtigung des Ausdrucks und der Gestaltung, eine sprachliche Durcharbeitung sind unerlässlich; die Möglichkeit zu Einzelgesprächen ist notwendig. Diese Phantasiereisen mit Jugendlichen und (jungen) Erwachsenen gehen möglicherweise den Weg der Bildungsarbeit über Traumgruppen hin zur geistlichen Begleitung.

Was gehört noch zur Anleitung einer Phantasiereise?

Bevor die Phantasiereise beginnt

Wer reist mit wem

Grundsätzlich haben Phantasiereisen sehr viel mit Vertrauen zu tun. Der/die Zuhörende vertraut sich dem/r Anleitenden an – wieweit, hängt stark von der Beziehung zwischen beiden ab und auch von dem institutionellen Rahmen, in dem die Reise geschieht. Es ist etwas anderes, ob Sie die gleiche Phantasiegeschichte am Ende einer Kinderstunde erzählen oder in einem Stille-Projekt am Nachmittag im Kindergarten oder als zentrale Geschichte im Gottesdienst. Jede dieser Situationen hat ihre ganz eigenen Bedingungen, die in das Erzählen und Hören der Geschichte einfließen (zum Beispiel wie gut Sie sich kennen, wie viel Zeit Sie haben, was an Umsetzung, Nacharbeit möglich ist). Gleiches gilt, wenn Sie sich vorstellen, Sie erzählen eine Phantasiereise im Unterricht, im Religionsunterricht, im Rahmen einer Projektwoche oder während einer religiösen Studienfahrt. Der Bewertungshintergrund, die Zeit, die Intimität, die Freiwilligkeit und auch der Ortswechsel schaffen jeweils ganz neue Vorraussetzungen. Wichtig ist, dass Sie diese Bedingungen einschätzen und die Zuhörenden nicht überfordern oder in einen inneren Konflikt bringen. Gerade bei älteren Kindern, Jugendlichen und Erwachsenen ist oft hilfreich, dies alles vorher kurz anzusprechen und so zu einer Verständigung zu kommen, auf was sich alle einlassen wollen und können.

Die Auswahl des Raumes

Der Raum beeinflusst die Grund-Athmosphäre, in der Ihre Reise geschieht. Manchmal lohnt sich ein Raumwechsel oder eine kleine Umgestaltung, um der Reise bessere Bedingungen zu verschaffen. Die Räume in Schulen, Jugendeinrichtungen, Gemeindehäusern und Freizeitstätten sind ja sehr unterschiedlich. Je nachdem in welchem Zusammenhang Sie die Phantasiereise erzählen, werden Sie an bestimmte Räume gebunden sein. Wenn Sie aber wählen können, dann eignen sich alle Räume, die Teppichböden besitzen und bewegliches Mobiliar haben, besser. Meditationsräume oder Räume der Stille sind leider selten vorhanden, aber für diese Arbeit sehr sinnvoll. Nun gibt es zum Beispiel in der Grundschule oft helle und einladende Klassenzimmer. In anderen Schulen ist dies leider weitaus seltener der Fall. Trotzdem bleibt ein Klassenzimmer ein Schulraum, in dem Kinder lernen und gefordert werden. Sie erleben in diesem Raum auch ihre Grenzen, ihre Leistungsmöglichkeiten und die Anforderungen. Dieser schulische Hintergrund bleibt erhalten, wo doch Phantasiereisen auch andere Aspekte fördern. Dieses Andere lässt sich durch einen Raumwechsel oder auch durch einfache Raumveränderungen ein wenig unterstreichen.

Einige hilfreiche Hinweise
Ein nüchterner, kahler Raum wirkt oft kalt. Eine gestaltete Mitte schenkt dem Raum eine neue Ausrichtung: vielleicht eine Kerze auf einem Tisch oder Gegenstände aus der Natur (Steine, Holz) auf einem Seidentuch, oder ein großer Blumenstrauß, direkt auf der Erde. Schön ist auch ein symbolischer Bezug zum Thema.
Der (Stuhl-) oder Deckenkreis um diese Mitte richtet die Aufmerksamkeit, schafft außerdem ein Gemeinschaftsgefühl und lässt die unschöne Seite des Raums (im wörtlichen und übertragenen Sinne) hinter sich.
Decken (zum Daraufliegen) ersetzen nicht nur den Teppichboden, sondern bereichern die Athmosphäre, schaffen einen individuellen Rückzugsort und ermöglichen mehr Körperarbeit.
Mildes natürliches Licht schenkt eine gute Grundatmosphäre. Die elektrische Beleuchtung des Raumes sollte – wenn überhaupt nötig – nicht grell sein.
Die Wände können mit Bildern aus Phantasiereisen gestaltet werden. Aber bitte den Raum auch nicht überfrachten.
Überhaupt ist ein liebevoll gestalteter Raum für alle Arbeits- und Lebensvorhaben wohl tuend und fördert diese Prozesse.
Das Arbeitsmaterial sollte zu Beginn im Raum sein und gleichzeitig nicht ablenken oder stören.
In dem Raum sollte es möglich sein, sowohl auf dem Boden als auch an Tischen zu arbeiten. Ein Wechsel zwischen Phantasiereise und Nacharbeit sollte vorher besprochen und vorbereitet werden, damit es im Verlauf keine unnötigen Störungen gibt.

Nicht immer kann man sich den Raum aussuchen. Trotzdem wäre es bei ungeübten Gruppen gut, die akustischen und optischen Störungen von draußen so gering wie möglich zu halten. Viele können sich nicht nach innen konzentrieren, wenn sie das Gefühl haben, von außen beobachtet zu werden. Wenn man das nicht ändern kann, hilft auch hier, vorher darüber zu sprechen. – Schlimmer als alle akustischen Störungen von außen, auf die man meist nicht reagieren muss, wirken Unterbrechungen, wenn jemand den Raum betritt. Wenn Sie damit rechnen müssen, hängen Sie ein Schild außen an die Türe mit der Bitte, nicht zu stören.

Haltungen und Ausgangspositionen

In welcher Haltung können wir auf eine Phantasiereise gehen?

Es gibt viele mögliche Haltungen, die für Phantasiereisen geeignet sind. Sie sollten so gewählt werden, dass die Zuhörenden mit wachem Bewusstsein folgen können und sich dabei körperlich entspannt und wohl fühlen. Letztlich hängt die Haltung auch von den räumlichen Gegebenheiten ab. Ich finde es sinnvoll, gerade mit Kindern auch auf dem Boden zu arbeiten, da das Gefühl des Getragenwerdens sich auf die psychische Haltung übertragen kann. Meine Eindrücke nach der Phantasiereise gestalte ich aber lieber an einem Tisch, da ich so mehr Möglichkeiten habe. Andere Menschen malen noch lieber an einer Staffelei, die aber wird selten vorhanden sein.

Wichtig ist, dass Sie die Haltungen nicht gegeneinander bewerten, sondern die auswählen, die in Ihrer Situation angemessen und sinnvoll ist. Für eine gelenkte Phantasiereise zu einem Unterrichtsthema braucht der Raum zum Beispiel nicht umgeräumt zu werden; ein freigeräumter Platz, auf dem der Kopf abgelegt werden kann, genügt.

Fünf Grundhaltungen

An Tischen:

An Tischen ist es möglich, den Kopf auf die verschränkten Arme zu legen. Vorher ist es bei Kindern und Jugendlichen sinnvoll, den Tisch ganz abzuräumen. So stört nichts und die Ablenkung ist gering. Nicht nur bei Phantasiereisen sollten beide Füße guten Bodenkontakt haben.

Auf Stühlen:

Um auf einem Stuhl bequem und doch aufmerksam zu sitzen, wäre es gut

a. mit beiden Füßen Bodenkontakt zu haben,

b. vom Becken her aufgerichtet zu sitzen (entweder auf der vorderen Stuhlkante oder bei glatten Sitzflächen auch hinten angelehnt),

c. die Schultern locker zu lassen und die Hände im Schoß oder auf den Oberschenkeln abzulegen und

d. den Kopf aufrecht zu halten oder leicht nach vorne zu senken.

Variante: Es gibt auch die Möglichkeit, sich »verkehrt herum« auf den Stuhl zu setzen. Die Arme liegen dabei verschränkt auf der Rückenlehne. Der Kopf ist in die Arme gekuschelt. Im Stuhlkreis sollte die Blickrichtung trotzdem nach innen gehen, damit die Konzentration zentriert ist.

Auf dem Boden:

Im Liegen: Schön, wenn die Teilnehmer sich in einer ihnen genehmen Lage auf einem Teppichboden oder auf einer gefalteten Decke hinlegen können. Bitte zwingen sie weder Kindern noch Erwachsenen eine Lage auf. So ist z.B. die Rückenlage besonders für jüngere Kinder zu ungeschützt. Erwachsene dagegen liegen in der Mehrzahl nicht gerne auf dem Bauch. Wer sich schlecht loslassen kann, kann seine Einschlafhaltung wählen. Wer dagegen schnell einschläft, erhält sich mit einer eher ungewohnten Lage die Aufmerksamkeit. Leider wird ein Sich-Hinlegen-Können nicht immer machbar sein. Wagen Sie es aber, so oft es möglich ist.

Im Sitzen: Auch wenn der Platz auf dem Boden nicht für alle zum Liegen reicht, kann ein Deckenkreis auf dem Boden schöner sein als ein Stuhlkreis. Setzen Sie sich im Schneidersitz oder im Fersensitz hin, richten den Oberkörper auf und lassen Kopf, Schultern und Arme locker hängen.

44

Im Stehen: Einige Phantasiereisen – besonders aktive – können auch im Stehen geschehen. Dabei stehen Sie in der Ausgangsposition locker, nicht mit durchgedrückten Knien, aufgerichteter Wirbelsäule und gelösten Schultern. Die Füße haben intensiven Bodenkontakt und stehen hüftbreit auseinander.

Offene oder geschlossene Augen?
Ich lade bei Phantasiereisen dazu ein, die Augen zu schließen. Aber dies ist nicht für alle möglich und auch nicht nötig. Viele Menschen können mit offenen Augen »träumen«, sicherlich ist das Vielen von Ihnen vertraut. Geben Sie alternativ die Möglichkeit, die Augen auf einem Punkt – der nicht ablenkt – »ausruhen« zu lassen. Insgesamt ist die Ablenkung mit geschlossenen Augen aber geringer und ich ermutige daher grundsätzlich, die Augen zu schließen. Aber ich mache dies nie zur Bedingung.

Vorbereitende Körperarbeit – Erläuterungen und Anregungen

Immer wieder werden wir gefragt: »Soll oder muss vor jeder Phantasiereise eine Körperübung erfolgen?« Sie werden sehen, dass zur Hinführung ein paar kurze Rückfragen zur Körperbefindlichkeit gehören; dies würde ich als ein Muss bezeichnen. Darüber hinaus kann es aber sinnvoll sein, eine mehr oder weniger lange Körperübung vor die Phantasiereise zu legen, um den Übergang zwischen dem, was vorher war, und dem, was folgen soll, zu erleichtern.
Es ist gut, dass Menschen eine Phantasiereise gelassen erleben. Diese Gelassenheit wird durch Körperarbeit gefördert. Je intensiver eine Phantasiereise wirkt, desto hilfreicher ist eine gute und angemessene Körperspannung, die der Absicht der Übungen entspricht.
Durch vorangehende Körperarbeit helfen sie den Teilnehmenden, Überspannungen abzubauen, oder müden Menschen (also Menschen in Unterspannung), neue Körperspannung aufzubauen.
Es geht bei vorbereitender Körperarbeit also nicht um ein Entspannungstraining; andernfalls würden Menschen mit Unterspannung noch träger und dann bei der Phantasiereise wohlig einschlafen.

Hinweis: Deshalb bitten wir nach einer ruhigen Körperarbeit – vor der Phantasiereise – alle um ein kurzes Handzeichen, um zu wissen, ob alle wach sind. Schläfer wecken Sie bitte sanft und behutsam.

Einige kleine Möglichkeiten stellen wir Ihnen jetzt hier vor, die Sie aber den Phantasiereisen und den räumlichen Möglichkeiten anpassen sollten.

- Sowohl bei Müdigkeit als auch bei Anspannung hilft es, sich im Sitzen oder Stehen gut durchzuräkeln und zu gähnen. Für frische Luft sorgen und ein-, zweimal tief Durchatmen sind außerdem hilfreich.

- Der Kreislauf wird angeregt, indem Sie den Körper von den Füßen bis zum Kopf mit locker geballten Fäusten bzw. mit der flachen Hand abklopfen.

- Im Sitzen können Sie sich zunächst gut dehnen und strecken, dann sich mit Kopf, Schultern und Armen nach vorne überhängen lassen. Einige Atemzüge verweilen und dann bewusst von der Wirbelsäule aus aufrichten.

- Mit einem kleinen Ritual können Sie Lockerung durch Dehnung mit Konzentration verbinden: zum Beispiel langsam die Arme bis zur Waagrechten führen und sich zu den Seiten dehnen, dann langsam die Arme über den Kopf führen, bis sich die Handflächen berühren und sich dabei sanft nach oben strecken. Die Hände herunternehmen bis zum Herzraum und sich dann, so tief es geht, mit lockeren Knien nach vorne verbeugen, von dort Wirbel für Wirbel wieder aufrichten. Zum Aufrichten die Kraft aus dem Widerstand des Bodens nutzen.

- Auch verschiedene *Yogaübungen* können für den Übergang hilfreich sein: Das *Dreieck-Trikonasan:* Stehen mit leicht gespreizten Beinen, Arme in die Waagrechte heben, so zur Seite beugen, bis die untere Hand (in der Tendenz) den Knöchel berührt. Verweilen, langsam aufrichten und zur anderen Seite wiederholen.

Das *zweifache Dreieck-Dvikonasan:* Stehen mit geschlossenen Beinen, Finger hinter dem Rücken verschränken, Handflächen nach außen, nach vorne beugen, Arme so über den Kopf heben, verweilen, aufrichten und Arme absenken, Hände lösen. Geht auch im Sitzen. Ruhig und aufmerksam üben.

Knie/Kopf-Übung, Variante im Sitzen: Aufrecht sitzen, ein Bein gestreckt heben, Knie zu Bauch und Brust heranziehen, mit beiden Armen umfassen, Kopf berührt das Knie – Kopf heben, Arme lösen, Bein wieder ausstrecken und absenken – mit dem anderen Bein wiederholen – und dies dreimal. Wenn die Übung leicht geht, kann sie mit dem Atem verbunden werden: Einatmend Bein heben und heranziehen, Pause, ausatmend Bein strecken und absenken. – Die gleiche Übung ist auch aus der Rückenlage möglich.

- Für Menschen, die Musik lieben:
  Sie können auch leise rhythmische Musik vorspielen (z.B. klassische Gitarrenmusik, 2 Minuten lang) und dazu im Sitzen oder Stehen sich bewegen lassen.

- Manchmal braucht man eine wirkliche Unterbrechung, zum Beispiel wenn man vorher schon lange gesessen und geredet hat. Dann kann es gut tun, sich ein paar Minuten kurz und heftig auf Beat, Soul oder Rock »abzutanzen«. Anschließend können sie sich dann hinsetzen oder -legen und dem Atem zuschauen, bis er wieder ganz ruhig strömt.

- In der Grundhaltung, in der sie die Phantasiereise durchführen wollen, können Sie bereits folgende Übungen vorschalten:
  Spannungsregulierend wirkt die Eutonie-Grundübung, d.h. sie kann sowohl Spannung auf- als auch abbauen.

Beispiel 1:
(im Sitzen)

Setzt euch so hin, dass ihr eine Zeit lang ruhig und aufmerksam sitzen könnt. Wir wollen jetzt einmal mit unserer Aufmerksamkeit durch unseren Körper wandern, damit ihr spürt, dass ihr gut aufgehoben seid, während eure Phantasie auf Reisen geht. Fangt bei den Füßen an. Könnt ihr spüren, wie eure Füße den Boden berühren? Stellt sie eventuell noch ein wenig anders hin, sodass ihr guten Bodenkontakt habt. Spürt die Unterschenkel, wie sie sich über den Füßen aufrichten, spürt eure Knie und eure Oberschenkel. Vielleicht berühren eure Oberschenkel den Stuhl, spürt nach, wo ihr Kontakt zum Stuhl habt. – Dann spürt euren Po, die Fläche, auf der ihr sitzt. Spürt den Kontakt zum Stuhl und lasst euch vom Stuhl tragen. Dann wandert mit eurer Aufmerksamkeit durch den Körper nach oben. Spürt eure Wirbelsäule, die euch aufrichtet und euren Kopf trägt. Dann geht nochmal ein wenig zurück und spürt eure Schultern, die auch von der Wirbelsäule getragen werden. Zum Schluss geht noch die Arme und Hände entlang, spürt, wo sie Kontakt zu eurem Körper (oder dem Tisch) haben und sich tragen lassen. – Wenn ihr bereit seid, kann unsere Phantasiereise beginnen.

Beispiel 2:
(im Liegen/Kurzfassung)

Legt euch bequem hin. Stellt euch vor, ihr liegt auf Sand am Meer. Der Sand gibt nach und passt sich eurem Körper an. Vielleicht bekommt ihr eine Idee von eurem »Abdruck«. Manche Körperteile sind schwerer und hinterlassen einen deutlichen Abdruck, andere berühren den Boden nur ganz leicht, an manchen Stellen spürt ihr vielleicht gar keinen Kontakt.

Nehmt einfach nur wahr, wie ihr liegt und legt euch immer bewusster in den »Sand«. Spürt die Berührung mit dem Boden, er ist fest und nachgiebig zugleich. – Wenn ihr bereit seid, ...

Im Liegen/ (Langfassung)

Wenn Sie ausreichend Zeit haben und Ihnen eine gute Körperspannung wichtig ist, können Sie den ganzen Körper Stück für Stück entlanggehen:

Legt euch bequem hin und lasst euch vom Boden tragen. Überall da, wo ihr den Boden berührt, könnt ihr euer Gewicht abgeben und euch tragen lassen. Wir wollen deshalb einmal mit unserer Aufmerksamkeit den Körper entlanggehen und spüren, wo wir den Boden berühren. Wie sieht das zum Beispiel am Kopf aus? Spürt einmal nach, wo euer Kopf den Boden berührt. – Geht dann mit der Aufmerksamkeit weiter und spürt, ob euer Hals auch den Boden berührt. – Von da geht es weiter zu den Schultern, wie sieht es da aus? Liegen beide auf dem Boden auf? – Dann versucht zu spüren, wie euer rechter Arm, eure rechte Hand und auch die Finger liegen. – Jetzt wechselt langsam zur anderen Seite und spürt, wie euer linker Arm, die linke Hand liegen. Wo berühren sie den Boden? (Gehen sie mit der Anleitung entsprechend weiter zu Oberkörper, Becken/Hüfte, rechtes und linkes Bein/Fuß.) Spürt zum Abschluss noch einmal den ganzen Körper, wie ihr jetzt da liegt. Ihr könnt euch ausruhen, während eure Phantasie auf Reisen geht. Wenn ihr bereit seid, kann unsere Reise beginnen ...
Zwischen der Phantasiereise und der Körperübung ist ein Augenblick Stille hilfreich. Vergewissern sie sich aber bitte vor dem Beginn, ob alle geistig anwesend sind.

- Wenn für alle Entspannung nötig ist, können Sie mit der aktiven oder passiven Muskelentspannung beginnen. Auch in diesem Fall gehen Sie den Körper entlang und sprechen die einzelnen Körperpartien nacheinander an.

○ Bei der *aktiven Muskelentspannung* beginnen Sie etwa in folgender Weise: Setzt (oder legt) euch so bequem hin, wie es für euch im Moment möglich ist. Wir wollen jetzt einmal unseren Körper entlanggehen und versuchen, ihn nach und nach immer besser zu entspannen. Dazu werde ich euch anregen, bestimmte Muskeln kurz anzuspannen und dann im Ausatmen wieder zu lösen. Wir wollen mit den Händen anfangen. Ballt die Fäuste und spannt sie richtig an – und lasst sie wieder los. Jetzt beugt ihr die Arme, spannt die Fäuste, die Unter- und die Oberarmmuskeln an – und mit der Ausatmung lasst ihr die Spannung los, legt die Arme und Hände ab und spürt, wie die Spannung langsam aus den Armen herausfließt. Jetzt geht zu eurem Kopf, eurem Gesicht. Runzelt kräftig die Stirn – und löst sie wieder. Dann kneift einmal die Augen zusammen und zieht eine Schnute – und lasst mit der Ausatmung einen Sonnenstrahl übers Gesicht ziehen, der alle Spannung mitnimmt. Dann spürt eure Schultern – zieht die Schultern hoch bis zu den Ohren – haltet die Spannung einen Moment, dann lasst die Schultern ganz weich sinken. – (im Sitzen) Jetzt spürt euren Rücken. Richtet euch mit der nächsten Einatmung auf und lasst dann die Spannung langsam ausfließen, damit die Wirbelsäule sich selbst trägt. –
(In gleicher Weise werden noch die Bauchmuskeln, das Gesäß, die Oberschenkel, die Unterschenkel durch Heranziehen der Füße und die Füße selbst angespannt. Danach ist es gut, noch einen Moment dem Atem zuzuschauen.)

° Für die *passive Muskelentspannung* gibt es drei Varianten. Die gezielte Vorstellung und/oder der gezielte Impuls, der durch die Aufmerksamkeit entsteht, bewirken, dass die Muskulatur sich entspannt. Auch hierbei gehen wir den Körper einmal von Kopf bis Fuß entlang, spüren die jeweils angesprochenen Körperteile und stellen uns vor, dass alle Spannung mit dem Atem mitfließt
oder dass ein Sonnenstrahl die Spannung auflöst.
Oder wir geben uns den bewussten inneren Impuls und lassen los.
Alle drei Varianten beginnen beim Kopf/Gesicht, gehen dann zu den Schultern, Armen, Händen, wieder zurück zu Schulter, Oberkörper, Bauch, Gesäß, Oberschenkeln, Unterschenkeln und Füßen.

So können Sie anfangen:

Setzt (oder legt) euch so bequem hin, wie es für euch im Moment möglich ist. Wir wollen jetzt einmal unseren Körper entlanggehen und versuchen, ihn nach und nach zu entspannen, Dabei soll uns die Vorstellung helfen, dass mit jeder Ausatmung sich ein Stück unserer Spannung löst und zum Boden hin wegfließt. Wir beginnen am Kopf. Spürt einmal, ob ihr dort Anspannung wahrnehmen könnt. Mit der nächsten Ausatmung löst ihr die Spannung ein wenig und lasst sie durch euch zu Boden fließen. Vielleicht braucht ihr noch ein, zwei Atemzüge, lasst euch Zeit. Dann spürt euer Gesicht. Atmet ruhig weiter. Mit jedem Atemzug kann sich die Spannung ein wenig lösen usw.

Ein Hinweis für alle Körperübungen: Seufzer, tiefe Atemzüge, Gähnen und ähnliche Reaktionen sind Anzeichen, dass der Körper bzw. die Atmung sich löst und neu reguliert. Deshalb solche Reaktionen nicht unterdrücken, sondern ermutigen, sie zuzulassen!

Anregungen zu den
Hin- und Rückführungen

Zur Arbeit mit Phantasiereisen gehören unabdingbar (!!) eine klare Hin- und Rückführung. Alle Menschen, besonders aber Kinder, sollen spüren, jetzt beginnt etwas anderes, ich begebe mich in eine andere »Wirklichkeit«. Durch die Rückführung am Ende finden die Beteiligten aus der Phantasielandschaft heraus und nehmen sich wieder in der alltäglichen Wirklichkeit wahr. Bei der Rückführung sollte immer eine körperliche Aktivität mit einbezogen werden. Dies ist zum einen nötig, um den Kreislauf wieder anzuregen, zum anderen spürt man sich selbst und kommt so wieder bei sich an. »Vergessene« Rückführungen können dazu führen, dass gerade Kinder noch lange Zeit in der Phantasiereise bleiben. Andererseits kann ein zu abrupter Wechsel aus der Geschichte in die Realität selbst bei Erwachsenen zu Irritationen und zum Verlust der vorangegangenen Erfahrungen führen – ähnlich, als ob man aus einem Traum herausgerissen wird. Achten Sie deshalb immer auf einen sorgfältigen Abschluss der Geschichte und lassen Sie genügend Zeit, die Geschichte auch innerlich abzuschließen.

Beispiele für eine Hinführung:

- Ich lade euch jetzt zu einer Phantasiereise ein. Spürt noch einmal euren Platz. Sitzt/liegt ihr gut und bequem? Könnt ihr mir gut zuhören? Wenn ihr wollt, schließt die Augen. Ihr seid jetzt gleich auf einer Reise. Die Reise beginnt jetzt ... (weiter geht es dann, wie bei den Beispielen)

- Unsere Phantasiereise beginnt. Sitzt/liegt ihr gut? Ändert sonst noch einmal eure Haltung. – Nun geht der Vorhang in uns auf. Langsam öffnet er sich ganz. Stellt euch vor ...

Beispiele für eine Rückführung:

- Unsere Reise ist zu Ende. Kommt wieder ganz in diesem Raum an. Wir sind in unserem Zimmer, hier im Raum. Öffnet die Augen, räkelt euch sanft durch, vielleicht gähnt ihr herzhaft und laut. Bleibt aber noch ein wenig bei euch und fangt noch nicht gleich an zu schwätzen. –

- Unsere Reise ist zu Ende. Der Vorhang schließt sich. Vielleicht war ein Bild für euch besonders eindrücklich/schön. Dann bewahrt es. – Nun seid ihr wieder hier im Raum ... Öffnet die Augen und räkelt euch sanft aber gründlich.

Andere ritualisierte Möglichkeiten für Hinführungen und Rückführungen:

- Geben Sie jedem Teilnehmer ein leeres Passpartout, also einen ca. DIN A4 großen Karton mit einem großen Ausschnitt in der Mitte. Der Karton kann auch so geschnitten sein, dass er wie ein Fenster aufgeklappt werden kann. Dies ist das Fenster zu unserer Phantasie. Zum Einstieg wird das Fenster geöffnet, am Ende wird es wieder geschlossen. Das Fenster kann sehr gut vorher selbst hergestellt werden. Gerade für Kinder ist dieser Ein- und Ausstieg hilfreich.

- Das Fenster kann aber auch nur in unserer Vorstellung existieren. Zum Beispiel können wir uns vorstellen, dass hinter unserer Stirn ein solches Fenster ist, das sich zu Beginn der Reise öffnet und am Ende wieder schließt.

- Eine andere Idee: in einem Raum beginnen, aus dem viele Türen hinausführen. Ich wähle die Tür, die das Thema meiner Reise trägt und gehe hindurch – und komme am Ende dort auch wieder zurück!

- Auch die Geschichte selbst kann Anregungen für die Hin- und Rückführung geben. So bettet Jakob z.B. seinen Kopf auf einen Stein, schläft ein und macht eine tiefe innere Erfahrung; er hat eine Visison (siehe dazu Seite 140). Bei der Anleitung dieser Grunderfahrung in einer Gruppe Jugendlicher gab ich jedem einen flachen Stein und ließ sie den Kopf darauf legen, und am Ende der Geschichte nahmen sie den Stein wieder weg.
  Daraus kann ein Ritual werden, indem der Stein als »Stein der Visionen« Ausgangspunkt zu weiteren Phantasiereisen wird.

- Ein Stein kann auch in anderer Weise als »Traumstein« zur Hin- und Rückführung benutzt werden, indem ich einen kleinen Stein auf die Stirn lege oder ihn in der Hand halte. Schön sind dafür flache Halbedelsteine.

Nach der Phantasiereise

Für uns ist die eigentliche Phantasiereise nur einer von vier grundlegenden Arbeitsschritten im Umgang mit Phantasiereisen. Fast immer arbeiten wir bei Phantasiereisen in einem Viererschritt:

1. Innerliche (Einverständnis, thematische Einstimmung) und äußere Vorbereitung (Raum, Körperarbeit)
2. Die Anleitung der Phantasiereise
3. Der Ausdruck – die Gestaltwerdung der inneren Erfahrung
4. Die Aus-Sprache der Erfahrung, so wie es jetzt möglich ist

Der *1. und 2. Schritt* ist Ihnen aus den bisherigen Ausführungen vertraut: Es ist die eigentliche Phantasiereise, zu der inhaltlich und mit kleinen Körperübungen hingeführt werden kann und sollte.

3. Schritt: Innere Prozesse bedürfen je nach Intensität der Verarbeitung. Innere Prozesse wollen Gestalt werden und sich ausdrücken. Gerade auch für schwierige Erfahrungen ist die kreative Gestaltung eine Art Verdauungsprozess. Zumindest für halb offene und offene Phantasiereisen ist notwendig, dass die *Mitreisenden* den inneren Erfahrungen kreative Gestalt und Ausdruck geben können.

Die Grundregel heißt:
Was Eindruck macht, braucht Ausdruck.

Einige Anregungen dazu:

- Menschen malen ein Bild aus dem Prozess heraus mit guten Pastellfarben, Wasserfarben, Acrylfarben ...

- Der innere Ausdruck wird – wenn möglich mit geschlossenen Augen – in Ton oder ersatzweise in Knete gestaltet.

- Stimmungen, Gefühle können gut zu Musik im freien Tanz ausgedrückt werden.

- Mit einfachen Instrumenten (Trommeln, Klanghölzer, Orff-Instrumente) ist ein Verklanglichen möglich.

- Erfahrungen werden in freien Texten oder Gedichten niedergeschrieben.

- Manchmal kann auch das schweigende Durchsinnen eine Form des Ausdrucks sein.

4. Schritt: Für die Erfahrungen/für das Gestaltete ist es sinnvoll, Worte zu suchen und die Erfahrungen auszusprechen. Im vierten Schritt geht es also auch um das Bewusstwerden der eigenen Prozesse. Der Mensch erkennt sich.
Je nach Gruppe kann dies in der Gesamtrunde stattfinden, im Einzelgespräch oder in einem Gespräch mit der Freundin oder dem Freund. Manchmal kann es auch nur ein geschriebener Satz sein, ein Titel für das Bild oder für sonstige Werke sein.
Wesentlich bei all diesen Schritten ist, dass die Teilnehmenden und der/die Anleitende sich in den Äußerungen nicht bewerten oder gar abwerten.

Die Grundregel heißt hier:
Was Eindruck macht und Ausdruck hat, kann Sprache werden.

Zu allen Schritten erfolgen bei den praktischen Ausführungen (Teil II) oft noch eigene Hinweise.

Wenn es Schwierigkeiten gibt

Ablesen oder frei Anleiten?

Wenn sie beherrscht wird, dann hat die freie Anleitung sicher mehrere Vorteile. Sie können in Ihrem gewohnten Sprachstil bleiben, Sie sehen, wie die Zuhörenden mitgehen, spüren, wo eventuell Hilfen nötig sind, können einen Satz leicht variiert wiederholen oder einen Impuls zurücknehmen.

Wenn Sie dadurch unsicher werden, ist Ablesen manchmal doch die bessere Alternative. Wichtig ist, dass Sie selbst nachempfinden, was Sie lesen oder frei erzählen, dass Sie in dem Text »drin« sind.

Bilder sehen können – Manchmal ein Problem

Manche Menschen meinen, sie könnten sich auf keine Phantasiereise einlassen, weil sie keine Bilder sehen können. Dies geht Vielen so und ist kein Hindernis. Zum einen kann der Wort-Impuls uns mit allen Sinnen erreichen. Nehmen wir zum Beispiel die Vorstellung Herbst. Manche Menschen haben als erste Reaktion auf das Wort Herbst einen ganz bestimmten Geruch im Sinn, andere spüren den Wind, hören das Rascheln der Bätter unter den Füßen oder fühlen die wohlige Wärme eines Kaminfeuers. Bei Vielen stellt sich das Bild dann ein, aber es muss nicht sein. Über jede dieser Assoziationen kann ein Herbstgefühl in mir entstehen, kann ich mich in den Herbst hineinversetzt fühlen. Wichtig ist das innere Gefühl, dabei zu sein.

Und wenn auch das schwer fällt, können sich die Teilnehmenden das Gehörte zunächst vorstellen oder ausdenken, so wie sie sich zum Beispiel in Tag-Träumen Situationen und Bilder ausdenken. Und je gelassener sie damit umgehen, desto eher kommen andere Impulse von alleine hinzu.

Wenn die Zeit nicht reicht ...

... ist dies bei Phantasiereisen schade und wirkt störend. Es gilt die alte Gruppenregel: Was in der Gruppe angefangen wurde, sollte in der Gruppe beendet werden. Planen Sie also ausreichend Zeit ein und hängen Sie Phantasiereisen nicht irgendwo in einer Einheit hinten dran. Es ist schwierig, in der nächsten daran anzuknüpfen, die Unmittelbarkeit fehlt. Zumindest der Abschluss der Geschichte und ein Moment des Nachklingens sollten immer möglich sein.

Ich will jetzt nicht – Über die Freiwilligkeit

Im schulischen Rahmen ist Freiwilligkeit eine schwierige Sache, da die Grenze zwischen Freiwilligkeit und Verpflichtung fließend ist. Und doch lade ich Sie ein, Kinder nicht zu Phantasiereisen zu zwingen. Geben Sie Kindern, die nicht möchten, eine andere motivierende stille Aufgabe. Indem Sie sie ernst nehmen, können Sie auch von ihnen erwarten, dass sie die anderen ernst nehmen und nicht stören.
Zur Freiwilligkeit gehört auch, dass Sie vorher deutlich machen, dass jeder aus der Geschichte aussteigen kann, wenn unangenehme Bilder oder Gefühle aufsteigen. Dies gilt vor allem für die halb offenen und offenen Phantasiereisen. Dazu reicht in der Regel der Gedanke: Das will ich nicht, ich hör nicht mehr zu. Aber auch eine Veränderung der Kopf- oder Körperhaltung, ein Anspannen der Hände oder Füße bringen mich ganz schnell heraus.

Wenn die Bilder anders sind als gedacht

Zunächst: Die Freiheit der Phantasie ist, so zu sein, wie sie ist. Ich kann keine Phantasiereise anleiten und *bestimmte* Bilder erwarten, ich kann nur den Rahmen mehr oder weniger stark vorgeben. Trotzdem passiert es immer wieder, dass jemand an einer Stelle hängen bleibt und sich seine Geschichte ganz anders entwickelt; oder dass jemand gar nicht zuhört und auf seine ganz eigene Reise geht. Darauf kann ich im

Nachgespräch eingehen. Manchmal entwickeln die Bilder und Gefühle auch eine solche Eigendynamik, die nicht vorauszusehen war. Deshalb ist es wichtig, dass jeder weiß, wie er Bilder unterbrechen kann, und dass der/die Anleitende weiß, wie er/sie mit Emotionen umgeht.

Emotionen brechen los

Manchmal brechen in Phantasiereisen Emotionen auf, die Einzelne stark berühren. Sie können so stark sein, dass sie unwillkürlich durchbrechen und sich in Lachen, Wut, Angst, Schluchzen und Weinen zeigen. Fast immer hat das damit zu tun, dass ein Stichwort der Geschichte etwas aus der eigenen Lebensgeschichte wachgerufen hat, das vergessen und ins Unbewusste abgetaucht war. So erschreckend dies für diejenigen selbst, die anderen und auch die Anleitenden sein kann – es ist etwas, was schon vorher da war und was jetzt noch einmal angesehen, vielleicht bewusster verstanden und integriert werden kann, und dies wäre sehr heilsam. Wenn die Emotionenen bei Teilnehmenden durchbrechen, brauchen sie Schutz, dass sie ihre Gefühle zulasssen können, Zuwendung (Berührung, Rückfrage) und Hilfe, um das Maß ihrer Emotionen zu kontrollieren, so wie es für sie gut ist. Manchmal reicht es, die Gefühle zuzulassen, oft ist ein Gespräch im Nachhinein sinnvoll.
Unbedingt sollte aber die Möglichkeit zum Ausdruck bestehen und gefördert werden, damit Gefühle weiter ausgedrückt, verarbeitet und integriert werden können.

Wenn jemand ungewohnte Erfahrungen macht

Gerade bei Phantasiereisen, die bewusst die spirituelle Ebene einbeziehen, kann es auch zu Erfahrungen kommen, die für Einzelne ganz neu sind. Meist sind es schöne, tief bewegende Gefühle, sie können aber manchmal auch so neu sein, dass sie erschrecken. Auch da ist ein annehmendes, helfendes Gespräch wichtig.

Ungewohnte körperliche Empfindungen

Manchmal treten Erfahrungen auf, die ein verändertes körperliches Empfinden betreffen. Dies kann das Gefühl von Weite, Zerfließen, Kribbeln, Schweben, Festhaften am Boden, Getrennt sein und ähnliches sein. So etwas ist nicht ungewöhnlich und wird oft sogar als angenehm erlebt. Es ist meist die Erfahrung eines Entspannungszustandes, bei dem sich das Bewusstsein zwischen Wach- und Schlafzustand befindet (weshalb dieser Zustand auch häufiger bei Phantasiereisen zur Entspannung auftritt, aber nicht nur da). Als unangenehm und ängstigend wird ein solcher Zustand empfunden, wenn ich nicht damit rechne und das Gefühl habe, keine Kontrolle mehr über mich zu haben. Auch in diesen Situationen hilft, was bereits unter dem Stichwort Freiwilligkeit angemerkt ist (Denken, Bewegungsimpulse), ebenso das Ansprechen und Berühren von außen. Solche körperlichen Zustände können aber auch im Zusammenhang mit spirituellen Erfahrungen auftreten, weshalb auch hier ein Gespräch anschließend klärend sein kann.

Wertungen, Abwertungen

Wer mit Phantasiereisen arbeitet, sollte mit Wertungen in zweierlei Hinsicht sehr, sehr vorsichtig sein. Zum einen sind Wertungen in den Geschichten nur sinnvoll, wo es um eine notwendige Führung der Vorstellung geht. (Stell dir eine schöne Wiese vor ..., das Tal wird dunkler.) Zu viele Wertungen schränken ein und führen schnell zum Widerspruch mit der Erfahrung. Dies gilt besonders für die Beschreibung von Gefühlen und Erfahrungen in halb offenen und offenen Phantasiereisen.
Genauso vorsichtig heißt es zu sein, wenn Erlebnisse im Nachgespräch bewertet werden. Rückfragen können helfen, Bezüge zwischen Erlebtem und Alltag/Lebensgeschichte bewusst zu machen. Es kann für den Einzelnen auch spannend sein, sich zu fragen, woher die eine oder andere Assoziation kam, warum er an einer bestimmten Stelle ausgestiegen ist etc.; aber es kann keine Bewertung im Sinne von Falsch oder Richtig geben.

Wenn jemand noch in der Phantasiereise verweilen will

Manchmal sind die Gefühle, Bilder, Erlebnisse so schön, dass jemand gar nicht aus der Geschichte zurückkommen will. Dann ist notwendig, dass wir nach einer angemessenen Zeit zum Abschließen und Nachklingen helfen, wieder ganz in die Realität zurückzukehren. Wer dann noch weiterträumen will, tut dies im Wachbewusstsein, und das kennen wir ja auch ab und an ...
Im diesem Zusammenhang ist auch die Zeit für den individuellen Ausdruck und die Gestaltung des Erlebten wichtig: Zeit, mit dem Erlebten aktiv umzugehen und es so mit der Alltagsbefindlichkeit zu verbinden.

Ich kann mich nicht ausdrücken

Die Zeit des Ausdrucks ist die Zeit des Erinnerns und Bewusstwerdens und von daher nach vielen Phantasiereisen wichtig. Oft gibt es da aber Hindernisse, a. weil die Form des Ausdrucks – vor allem beim Malen – bei manchen negativ besetzt ist, oder b. sich jemand generell mit dem Ausdruck und damit oft mit der bewussten Wahrnehmung schwer tut. Ich kann immer nur ermutigen, diese Zeit als Chance und nicht als Pflichtübung anzusehen. Wenn es an der Form des Ausdrucks liegt, können immer individuelle Lösungen gefunden werden. Manchmal ist ein Spaziergang allein auch eine Möglichkeit, dem inneren Eindruck Raum zu geben. Zwang fördert auch hier nichts.

Phantasiereisen und unterlegte Musik

Oft werden wir gefragt, ob eine Musik bei einer Phantasiereise als Unterlage oder für den Ausdruck sinnvoll oder hilfreich ist. Wir beide haben da selbst unterschiedliche Einstellungen: Gerda ist großzügiger, Rüdiger asketischer. Für beides gibt es gute Gründe, allerdings gilt folgende Grundregel:
Musik beeinfusst leicht die Grundstimmung, ja sie hat ihren eigenen Ausdruck. Deshalb sind vorsichtiger Umgang und bedachter Einsatz angebracht.

Was brauchen die Anleitenden – Grundlegende Qualifikationen

Phantasiereisen laden Menschen zu schöpferischen, kreativen Erfahrungen ein. Was sollten die Anleitenden nun mitbringen, um Phantasiereisen anzuleiten? Sind Ausbildungen, Fortbildungen oder »nur« eigene Erfahrungen sinnvoll?

Nach unserer Ansicht sollte keine/r Phansiereisen anleiten, die/der sie nicht selbst erlebt hat.

Eine weitere Grundregel könnte sein, nur mit der Arbeitsform zu arbeiten, die eine Stufe unter meiner Erfahrungs- und Fortbildungsebene liegt. So sollten z.B. die, die mit offenen Phantasiereisen arbeiten, die therapeutische Dimension der aktiven Imagination am eigenen Leibe erfahren haben.

Wir setzen die Kompetenz und Einsicht voraus, dass ohne Vorbereitung abgelesene und selbst nicht ausprobierte Phantasiereisen unterbleiben. Erfahrene Anleitende werden neue Anleitungen für sich durchgehen und durcherleben wollen, damit Wirkungen und Schwachstellen erfasst werden und die Angeleiteten dies nicht ausbaden müssen.

Oft ist es nicht schwer, die Anleitung – als solche – zu lernen. Schwerer ist der Umgang mit Interventionen und mit Begleitung, wenn Menschen Unterstützung und Nähe bei ihren eigenen Erfahrungen brauchen. Um damit umgehen zu können, sind gerade Fortbildungen notwendig, in denen sich die Anleitenden immer wieder selbst erfahren.

Leider haben viele Scheu, entsprechende Fortbildungen als geschützten Selbsterfahrungsraum zu nutzen. Für die Arbeit mit Phantasiereisen wäre dies aber eine notwendige Voraussetzung.

Was schenken Phantasiereisen den Menschen?

Wenn Sie dies nun alles gelesen haben und sich fragen: Soll ich es ausprobieren, kann ich das, lohnt sich das?, möchten wir Ihnen noch einmal Mut machen: Ja, es lohnt sich!

Warum? – Das Wichtigste vorneweg: Die meisten Menschen machen die Erfahrung, dass es ihnen gut tut, dass es fördernd und auch spannend ist, sich so selbst zu begegnen. Denn durch Phantasiereisen können Menschen

- **kreative und schöpferische Kompetenz entwickeln**

  Sie erfahren die Kraft ihrer eigenen Phantasie und können Grenzen überschreiten.

  Sie gestalten ihre inneren Erfahrungen in einer persönlichen kreativen Weise.

  Im Ausdrücken der Erfahrungen verbinden sich Phantasie und eigene schöpferische Gestaltungsmöglichkeiten.

  Sie erleben, dass auch Lernen spielerisch und offen geschehen kann.

- **personale Kompetenz vertiefen**

  Der Mensch begegnet sich selbst und seinen persönlichen Fähigkeiten und Grenzen.

  Er/sie übt sich wahrzunehmen, wie er/sie zur Zeit wirklich ist (Selbstwahrnehmung).

  Er/sie wird unabhängiger vom Trend und äußeren Bildern.

  Er/sie übt sich mitzuteilen.

  Menschen erleben die Möglichkeit, sich (spielerisch in der Vorwegnahme) zu verändern.

  Er/sie erlebt im Sinne ganzheitlichen Lernens das Zusammenspiel von Seele, Leib und Geist.

- **soziale Kompetenz erwerben**

  Sie üben in der Beziehung zum Anleitenden und zu den anderen Vertrauen.

  Das Erleben Ihrer Gefühle ermöglicht Kontakt mit sich und anderen.

  In der Bereitschaft zur Mitteilung, in der gemeinsamen Erfahrung, im Hören (aufeinander) und Stillwerden wird die persönliche Erfahrung zur Gruppenerfahrung.

  Das Nichtbewerten der individuellen Erfahrung fördert die Toleranz und Akzeptanz anderer.

  Der Umgang mit Störungen (durch andere oder durch mich) kann beispielhaft geübt werden.

- **religiöse Kompetenz erleben**

  (Dies gilt vor allem bei Phantasiereisen, die inhaltlich dies einschließen. Jedoch sind religiöse Erfahrungen auch bei anderen Phantasiereisen möglich, s. dazu S. 17.)

  Ihr religiöses Wissen kann ergänzt, intensiviert oder auch abgelöst werden durch religiöse Erfahrungen.

  Glaube wird erlebbar, er/sie erfährt ihn leibhaftig und kann dies im angemessenen Maße reflektieren.

  Es kann Heilwerden geschehen, indem Menschen Geborgenheit exemplarisch erleben.

  Es kann eine Bewegung von den Gottesbildern hin zu Erfahrungen mit dem Urgrund des Lebens geschehen.

Dies alles sind keine Lernziele, sondern Möglichkeiten, die den Menschen zufallen können. Dazu bedarf es einer offenen und vertrauensvollen, ja auch lustvollen Lebens- und Lernsituation.

Ausgewählte Literatur

Zur praktischen Arbeit

Ludger Edelkötter und Wolfgang Poeplau, Komm mit zur Quelle. Einladung zu Stille-Übungen, Phantasie-Reisen und Meditationen, Bewegungen, Impulse Musikverlag

Gerda und Rüdiger Maschwitz, Stille-Übungen mit Kindern. Ein Praxisbuch, Kösel-Verlag

Dies., Gemeinsam Stille entdecken. Übungen für Kinder und Erwachsene, Kösel-Verlag (gut geeignet für Eltern)

Dies., Am Anfang war die Stille. Phantasiegeschichten für Kinder und Erwachsene (Sieben Phantasiereisen zur Schöpfung). Mit Orgelimprovisationen von Gustav Adolf Krieg, Kösel-Verlag (CD und MC)

Doris Müller, Phantasiereisen im Unterricht, Westermann Schulbuchverlag

Helga und Hubert Temel, Komm mit zum Regenbogen, Veritas Verlag

Zu inneren Bildern

Verena Kast, Imagination als Raum der Freiheit. Dialog zwischen Ich und Unbewusstem, Walter-Verlag

Hanscarl Leuner u.a., Katathymes Bilderleben mit Kindern und Jugendlichen, Ernst Reinhardt Verlag

Ingrid Riedel, Maltherapie. Eine Einführung auf der Basis der Analytischen Psychologie von C.G. Jung, Kreuz-Verlag

Dies., Bilder. In Therapie, Kunst und Religion, Kreuz-Verlag

Zur Entwicklung des Menschen

Rolf Oerter/Leo Montada (Hg.), Entwicklungspsychologie, Psychologie Verlags Union

Ken Wilber, Halbzeit der Evolution. Der Mensch auf dem Weg von animalischem zum kosmischen Bewusstsein (Tb Spirit 13210), Fischer Taschenbuch Verlag

Zweiter Teil
Phantasiereisen und Imaginationen

Hinweise zum praktischen Teil

In diesem Praxisteil finden Sie thematisch geordnet zahlreiche Anregungen für Phantasiereisen. Alle Ausführungen sind nach folgendem Schema gegliedert:

Thema

Besonderheiten

Vorbereitende Körperarbeit

Anleitung: oft mit Anregungen zur Hin- und Rückführung

Gestaltung

Variante

Unter dem Stichwort »Vorbereitende Körperarbeit« finden Sie ergänzend zu den Beispielen im Einleitungsteil noch weitere mehr oder weniger ausführliche Anregungen.

Unter dem Abschnitt »Anleitung« wird sehr Verschiedenes ausgeführt. Dies hängt zum einen mit dem jeweiligen Thema zusammen, zum anderen sind die Ausführungen bewusst unterschiedlich, damit Sie mehrere Varianten vergleichen können. So unterscheidet sich z.B. auch die Anredeform, Sie finden Anleitungen mit »du«, »sie« und »euch« vor. Auch dies ist bewusst geschehen, damit Sie Beispiele für verschiedene

Anleitungsarten haben. Manchmal können Sie über die Anrede auch auf das Alter der Zielgruppe schließen.

Hinter den einzelnen Abschnitten der Anleitungen sehen Sie Gedankenstriche. Diese bedeuten eine *Pause* in den Ausführungen. Je mehr Gedankenstriche Sie vorfinden, desto mehr Zeit geben Sie bitte den Teilnehmern und Teilnehmerinnen. Grundsätzlich ist jede Eile zu vermeiden.

Unter »Gestaltung« finden Sie mitunter mehrere Ideen, wobei die Anregungen zum Malen überwiegen. Dies liegt nahe und ist auch sinnvoll, da das erste Ausdrucksmittel für das Innere das äußere Bild ist. Variationen ergeben sich entweder aus dem Thema der Geschichte oder sind als Alternative gedacht, wenn Hemmungen gegenüber dem Malen bestehen.

Unter dem Stichwort »Variante« werden sowohl weitere ausgeführte Phantasiereisen und ergänzende Alternativen, manchmal auch nur Stichworte für Varianten notiert.

Noch einmal unsere Bitte: Arbeiten Sie die Anleitungen für Ihre Situation durch und verändern Sie sie entsprechend!

Viele Phantasiereisen können mehrmals mit einer Gruppe erlebt werden, wenn die Gruppe dafür offen ist, dass innere Erfahrungen sich nicht wiederholen lassen, sondern immer neu sind.

Die Ausführungen zu Psalm 23 (mit den Varianten) entnehmen Sie bitte dem I. Teil.

Am Anfang war die Stille –
Schöpfung und Umwelt

Diese Phantasiereisen stammen von unserer CD/MC »Am Anfang war die Stille«*. Die Texte sind ein Versuch, einige wichtige Aspekte der Schöpfungsbilder umzusetzen. Dabei gehen wir davon aus, dass die Konflikte um die Richtigkeit physikalischer oder biblizistischer Schöpfungstheorien überwunden sind.

Vor uns liegt die Schöpfung als kontinuierlicher Prozess, der aus dem Urgrund des Lebens (nicht zufällig) erwächst und an dem wir Menschen teilhaben. Wir können diesen Prozess verantwortlich mitgestalten und übernehmen Verantwortung für diese Erde, sind Geschwister aller Geschöpfe und miteinander verbunden.

Wir haben uns an dem wunderbaren Sieben-Tage-Rhythmus der Schöpfungsgeschichte orientiert und die wesentlichen Bilder umgesetzt. Die hier vorliegenden Texte sind eine überarbeitete Fassung. Dabei haben wir für das Buch die anschließende Orgelmusik, die auf der CD/MC als Ergänzung folgt, außer Acht gelassen und die Texte am Ende entsprechend verändert.

 ## *Gestaltung:*

Zu jedem Text finden Sie noch eine kleine Gestaltungsidee. Falls Sie sich die ganze Reihe vornehmen, kann sich auch in der Gestaltung ein Prozess entwickeln.

Dafür brauchen Sie – je nach Gruppengröße – entweder einen großen Holzkasten (100x100x20 cm) oder für kleine Gruppen eine alte Schublade oder eine Kofferschale mit Erde, Steinen, Sand usw.

Darin wächst über die Tage ein Ur-Garten zusammen, in dem der Mensch nur ein Teil ist. Vielleicht spüren so alle, dass die Schöpfung von Gott her gut ist.

In jeder Phantasiereise ist ein Geschenk enthalten, das Menschen auch wirklich erhalten können.

* Gerda und Rüdiger Maschwitz, Am Anfang war die Stille. Phantasiegeschichten für Kinder und Erwachsene (Sieben Phantasiereisen zur Schöpfung). Mit Orgelimprovisationen von Gustav Adolf Krieg. Kösel-Verlag, München (CD/MC)

📖 Thema: 1. Tag – Das Licht

☺ *Anleitung:*

Hinführung: (Anleitung, einen guten Platz zum Zuhören zu finden)

Ich möchte dich einladen, heute mit mir ganz weit zurück, bis zum Anfang unserer Zeit zu gehen. – – Am Anfang war die Stille. Nichts war da, nichts war zu hören oder zu sehen. Es war dunkel. So dunkel, dass du vielleicht erschrickst, wenn du es dir vorstellst. Aber hab keine Angst. Stell dir das Dunkel nur weiter vor. Vielleicht musst du dazu die Augen ganz fest schließen. In dieses Dunkel hinein dringt eine Kraft (ein Klang. – ein dunkler Gong- oder Paukenklang) – du kannst es hören, vielleicht kannst du auch etwas von dieser Kraft spüren. Etwas Neues beginnt. –
Langsam wird in dem Dunkel ein Lichtpunkt sichtbar. Das Licht breitet sich in der Dunkelheit aus und durchstrahlt das Dunkel. Es wird Licht.
So beginnt das Leben, das Leben braucht dieses Licht.
Von nun an wechseln sich Dunkelheit und Licht ab. Es entstehen Tag und Nacht, Nacht und Tag.
Ein goldgelber Lichtstrahl kommt zu dir und wird dir geschenkt. Wie ein Reiter kannst du dich auf den Lichtstrahl setzen.
Auf diesem Lichtstrahl schwebst du durch das Weltall. Du bist auf ihm geschützt, es kann dir nichts passieren.
Aus dem Weltraum heraus siehst du, wie die Welt langsam entsteht. Zuerst sind es viele kleine Teilen, wie von einem Magneten werden sie zur Mitte hin gezogen. Ein kleiner Ball entsteht, und dann wird die Erde rund und größer – noch ist sie rot und glühend.
So entstand die Erde, vielleicht siehst du ihr Bild noch vor dir. Die Dunkelheit trennte sich vom Licht, und du nimmst wahr: Das Licht ist kostbar und gut.

Dies war unsere erste Geschichte. Spüre dich jetzt selbst. Du bist zurück – hier im Raum. Räkle dich ein wenig durch. Die Reise ist zu Ende.

Gestaltung:

1. Vorschlag – Schöpfungsparadies
Am ersten Tag wird der Kasten mit Grundlagenmaterial aufgefüllt: Steine, Erde, Sand – alles ist noch wüst und leer. Ein Licht könnte auch über dem Kasten scheinen.

2. Vorschlag
Besorgen Sie sich schwarzen Fotokarton oder notfalls auch dünneren schwarzen Karton. Das Bild dieser Phantasiereise wird mit Pastellkreiden auf den schwarzen Karton gemalt. Auch im Malprozess wird so Dunkel vom Licht durchstrahlt. Die hellen Pastellfarben wirken intensiv auf dem schwarzen Karton.

Thema: 2. Tag – Das Wasser – der Blaue Planet

☺ Anleitung:

Eine neue Geschichte, eine neue Reise beginnt. – Ich hoffe, du hast einen bequemen Platz zum Zuhören. Stell dir vor, du sitzt auf deinem Lichtstrahl im Weltraum und schaust von dort sicher und neugierig auf unsere Erde.
Die Erde ist abgekühlt. Festes Land entsteht. Du kannst dir das Land braun oder schwarz vorstellen. Wolken ziehen darüber und fallen als Regen auf die Erde. Das Wasser sammelt sich und bald bedeckt es fast die ganze Erde. – So entstehen die Meere und Ozeane. –
Bald siehst du mehr Wasser als Land. Das Wasser strahlt blau in der Sonne. Die Erde ist ein blauer Stern geworden. –
Auf deinem Lichtstrahl näherst du dich nun der Erde. – Du landest direkt neben einer kleinen Quelle. Sie sprudelt frisches klares Wasser heraus. Magst du einen Schluck Wasser probieren? Dann schöpfe es mit der Hand.

Das Wasser tropft durch deine Finger. Ein Tropfen bleibt an der Hand hängen und er wird lang und länger. Das Licht spiegelt sich in dem Wassertropfen. – Vielleicht kannst du dich auch selbst in ihm sehen. – Dann fällt der Tropfen herunter und vereint sich mit dem Wasser der Quelle. Es rinnt hinab und bildet einen kleinen Bach. –

Der Bach wird größer und größer. Hörst du ihn? Schöpfe noch einmal mit beiden Händen Wasser und erfrische dein Gesicht.

Erschreckt dich die Kühle des Wassers, oder ist es angenehm warm? Du machst deine Erfahrungen.

Jetzt folge dem Bach weiter. Er wird zum Strom. Er wird breiter und breiter und fließt hinaus ins Meer. – Du bleibst am Rand stehen.

Die Wellen rollen am Ufer aus. – Mit den Wellen wird eine blaue Muschel angeschwemmt. Hebe sie auf und nimm sie mit. Sie gehört dir. – Noch einmal schaust du über das Meer. –

Das Wasser kam auf die Erde und du nimmst wahr: Das Wasser ist kostbar und gut. –

Dies war unsere zweite Geschichte. Spüre dich jetzt wieder selbst. Du bist zurück – hier im Raum. Räkel dich ein wenig durch. Die Reise ist zu Ende.

 # *Gestaltung:*

1. Vorschlag – Schöpfungsparadies
Am zweiten Tag werden in den Kasten mit Folien die Seen und Flüsse und Meere gebaut. Die Grundlagen-Materialen – Steine, Erde, Sand – werden neu geordnet. Im Meer – im Wasser – beginnt das Leben. Hier kann schon Leben sichtbar werden (in Form von Fischen, Muscheln etc.).

2. Vorschlag
Auch das Bild dieser Phantasiereise kann mit Pastellkreiden auf den schwarzen Karton gemalt werden. Im Malprozess wird so wieder das Licht sichtbar, das die Erde anstrahlt und blau schimmern lässt.

Thema: 3. Tag – Luft, die alles füllt

Anleitung:

Wieder beginnt eine Geschichte, eine neue Phantasiereise. Heute wäre es gut, wenn du dich auf den Rücken legen könntest. Wenn du willst, kannst du dir auch ein kleines Kissen unter den Kopf legen. –

Stell dir vor, du ruhst im warmen Sand am Meer. Dein Rücken drückt sich gut in den Boden hinein, sodass du deinen Abdruck sehen kannst, wenn du aufstehst.

Wenn du so ruhig liegst, spürst du sicher auch, wo die Luft um dich herum deine Haut berührt? Vielleicht spürst du sie an der Backe, an der Stirn, an den Händen oder an anderen Stellen. Lass dir Zeit zum Fühlen. –

Stell dir nun vor, die Luft wird zu einem kleinen Wind. Magst du ihn spüren? Dann halte eine Hand vor den Mund und blase langsam und mit ein wenig Kraft gegen deine Hand. Spürst du wie ich ein wenig Kühle?

Jetzt blase ein wenig fester. Der Wind wird zum Sturm. Die Luft bekommt mehr Kraft, vielleicht musst du dich dazu ein wenig anstrengen. –

Dann geht dem Wind die Puste aus. – Es wird still. – Deine Hand liegt wieder neben dir.

Spürst du deinen Atem, wenn du so daliegst? Versuche einmal, dem Atem von der Nase bis zum Bauch zu folgen. – Vielleicht wird dein Atem allmählich ruhiger. – Schau ihm zu. Eben hast du noch die Luft in deiner Hand gespürt, jetzt spürst du sie in dir. –

Du atmest die Luft, sie ist immer da. Sie ist unsere Kraft und ein kostbares Geschenk. Stell dir einen Hauch aus Atem vor, fast silbrig und durchsichtig. Nimm ihn als Erinnerung mit: Er wird dir geschenkt.

So siehst und atmest du die Luft, und du nimmst wahr: Die Luft ist kostbar und gut. –

Dies war unsere dritte Geschichte. Spüre dich jetzt selbst. Du bist zurück – hier im Raum. Räkle dich ein wenig durch. Die Reise ist zu Ende.

✎ *Gestaltung:*

1. Vorschlag – Schöpfungsparadies

Es ist schwierig, die Luft – die Atmosphäre – den Atem und den Schöpfergeist in diesem Prozess aufzunehmen und ihm Gestalt zu geben. Ich finde eine Idee interessant: Sie können einen Regenbogen, der noch nicht farbig ausgestaltet ist, über den Kasten oder als Hintergrund aufstellen. Der Regenbogen wird durch die Luft – durch die Atmosphäre sichtbar und ist das Zeichen des Bundes zwischen Gott und Welt.

2. Vorschlag

Auf dem bisherigen schwarzen Karton kann mit Silberpastell, Grau und anderen hellen Tönen die Luft als Hauch, als Wind oder Sturm gemalt werden. Als Technik eignen sich Blasbilder (mit einem Stohhalm Farbe über das Blatt pusten).

📖 Thema: 4. Tag – Die Erde schenkt Leben

☺ *Anleitung:*

Unsere heutige Reise ist eine Begegnung mit der Erde, auf der Pflanzen wachsen und gedeihen. Damit du der Phantasiereise folgen kannst, wäre es gut, wenn du zu Beginn stehen würdest. Denn ich möchte dich einladen, gleich ein Baum zu sein. Stell dich gut hin, sodass du beide Füße spürst. –

Alles was auf der Erde geschieht, hat einen Rhythmus –, es beginnt zu werden –, wächst heran und vergeht wieder –, wird wieder neu –, wächst und vergeht wieder.

So geht es dem Tag und der Nacht, dem Sommer und dem Winter, den Pflanzen und Tieren und auch uns selbst.

Und auch dem Baum, von dem ich dir jetzt erzählen will.

Hocke dich auf die Erde. Deine Füße spüren den Boden. Der Baum ist noch ganz winzig und du bist zusammengekauert. –

Seine Wurzeln, deine Füße wachsen in deinen Gedanken tief in den Boden. Auch deine Hände hängen noch zur Erde herab. –

Langsam wächst der Baum. Du richtest dich mehr und mehr auf, nimmst die Kraft aus dem Boden ... – Der Baum wird groß und breitet seine Äste – deine Arme – aus.

Der Baum wiegt sich sanft im Wind und lässt sich schaukeln. – Er wird noch größer, aber die Wurzeln, die Füße sind fest im Boden verwachsen. Ein kleiner Sturm kommt. Der Baum schwankt heftiger. Die Äste – also die Arme – werden hin- und hergerissen. Aber der Baum steht tief verwurzelt. So tief, dass er das Wasser des Baches erreicht. – –

Ganz aufrecht stehst du nun. Schau, wie sich deine Zweige leicht ausbreiten. Stell dir die Blätter vor, vielleicht trägst du schon Blüten. Aus ihnen werden Früchte. –

Mal dir selbst aus, welche Früchte bei dir wachsen sollen. –

Vielleicht magst du deine Früchte verschenken. Lass sie zu denen herabfallen, die nun bei dir vorbeikommen. – Alle Früchte können zum Geschenk werden. –

Dir schenkt der Baum zur Erinnerung ein immergrünes Blatt. – –

Langsam wird dein Baum müde und alt. Die Äste werden schwer und brechen, deine Arme fallen herab. Du sinkst in dir zusammen, bis du wieder so klein bist wie am Anfang. – Vielleicht magst du dich als Baum auch hinlegen und dich von den vielen Jahren des Wachsens und Fruchtbringens erholen. – Genau wie dieser Baum wachsen auf der Erde alle Pflanzen heran, und du nimmst wahr: Alles pflanzliche Leben ist kostbar und gut. –

Dies war die vierte Geschichte. Spüre dich jetzt selbst. Du bist zurück – hier im Raum. Räkle dich ein wenig durch. Die Reise ist zu Ende.

Gestaltung:

1. Vorschlag – Schöpfungsparadies
Am vierten Tag wird die Gestaltung des Kastens um das Leben der Pflanzen erweitert. Mit Materialien aus der Natur wachsen Bäume, Sträucher, Wiesen und Blumen aus der nackten Erde heran.

2. Vorschlag
Nehmen Sie diesmal ein Blatt/einen Karton, schwarz oder weiß, und malen Sie einen dünnen Kreis mittig auf das Blatt (z.B. mit einer großen Schüssel). Sie haben damit den Grundrahmen eines Mandalas, das nun ausgestaltet werden kann.
Laden Sie nun die Teilnehmenden ein, in dieses Mittenbild den Baum in einem seiner Wachstumsstadien zu malen. Natürlich können Sie diesen Baum auch auf ein ganz gewöhnliches Blatt malen, doch hat das zyklische Werden und Vergehen der Pflanzen im Mandala seinen stimmigen Rahmen.

Thema: 5. Tag –
Die Tiere bevölkern die Erde

☺ Anleitung:

Mach es dir bequem, sodass du wieder gut zuhören kannst. Eine neue Geschichte beginnt. Heute werden wir den Tieren begegnen.
Stell dir zu Beginn die Erde mit vielen kleinen und großen Pflanzen vor. Du siehst Blumen, Sträucher und Bäume. – Sonne und Mond wechseln sich ab, Tag und Nacht. Regen und Trockenheit, Hitze und Kälte haben ihre Zeit. –

Aber noch gibt es keine Tiere. – –

Komm mit mir ans Wasser. Hör die Wellen, hör das Rauschen und das Wehen der Luft. Dann schau hinein. Das Leben der Tiere begann ganz klein im Wasser. –

Vielleicht siehst du schon eine winzige Muschel oder eine Schnecke, kleine und große Fische kommen dazu. – Wenn du jetzt über das Wasser schaust, fliegen da vielleicht Mücken und andere Insekten, und Vögel kommen aus der Luft und fangen sie. –

Und auch die Tiere, die auf dem Land leben, kommen jetzt dazu, ziehen an dir vorbei. – –

Auch dein Lieblingstier ist unter ihnen. Es kommt freundlich auf dich zu. Es begrüßt dich und ihr beide schaut euch an.

Ihr versteht euch. Habt ihr euch schon eure Namen genannt? Wenn nicht, könnt ihr dies jetzt tun. Werdet vertraut miteinander. Vielleicht mögt ihr etwas zusammen tun und euch noch besser kennen lernen. Ihr habt Zeit dazu. –

Nun müsst ihr Abschied nehmen, aber sicher trefft ihr euch wieder. –

Zur Erinnerung schenkt dir dein Lieblingstier einen orangegoldenen Bernsteintropfen. Du kennst Bernstein nicht? Er sieht aus wie hart gewordener goldener Honig. Schau ihn dir genau an. Ein uraltes kleines Tier ist in seiner Mitte eingeschlossen und gut zu erkennen. –

Du schaust noch einmal deinem Lieblingstier hinterher, dann ist es verschwunden. – –

Aber du hast deinen Bernstein. Er erinnert dich jetzt immer an die Tiere auf dieser Erde, sie sind Schwestern und Brüder der Menschen.

Die Tiere leben mit uns auf der Erde und du nimmst wahr: Die Tiere sind kostbar und gut. –

Dies war die fünfte Geschichte. Spüre dich jetzt selbst. Du bist zurück – hier im Raum. Räkle dich ein wenig durch. Die Reise ist zu Ende.

Gestaltung:

1. Vorschlag – Schöpfungsparadies
Der Kasten wird nun um die Tiere erweitert. Sie können kleine Figuren nehmen oder Figuren basteln, töpfern ... Die Erde bevölkert sich.

2. Vorschlag
Das Bild der Erde wird nun um die Tiere erweitert. Jede/r hat Zeit, sein/ihr Lieblingstier zu malen.

3. Vorschlag:
Jede/r gestaltet sein/ihr Lieblingstier aus Knete, Fimo oder Ton.

PS. Der Bernstein – als Geschenk – kann aus Gießharz gegossen werden.

Thema: 6. Tag – Der Mensch

Anleitung:

Unsere heutige Geschichte – wenigstens ihren Beginn – haben wir alle schon erlebt. Aber ich bin sicher, dass du nur noch wenig davon weißt. Macht dich das neugierig? Dann setz dich bequem hin und höre und sieh. –
Stell dir ein ganz kleines Baby vor. Es ist gerade erst auf der Welt angekommen, seine Nabelschnur ist noch sichtbar. Das Baby hat noch nie geatmet und du siehst jetzt seinen ersten Atemzug. Es schreit vielleicht ein wenig – und atmet ein und wieder aus. –

So haben wir alle angefangen zu atmen, als wir geboren wurden. –
Dieser Atem ist ein Geschenk. Kannst du dir vorstellen, dass Gott mit
dem ersten Atemzug dem Menschen den Atem des Lebens schenkt? –
Der Atemhauch stärkt den Menschen – Atemzug um Atemzug. –
Kennst du die Kraft des Atemhauches? –
Probier es selbst aus! Halte eine Hand dicht an deinen Mund und hauche
sanft, zart und doch mit leichter Kraft auf deine Hand. Wird es warm?
Dann wiederhole es noch einmal, vielleicht wird es sogar heiß und du
spürst etwas von der Lebensenergie des Atems. –
Schau noch einmal dem Baby zu. Alles Leben auf dieser Welt beginnt so. –
Deshalb stell dir vor – , zu diesem Baby kommen noch andere Babys aus
vielen Ländern dieser Erde. Alle diese Kinder wachsen heran und werden
größer.
Sie haben viele Hautfarben, unterschiedliche Gesichter und verschiedene
Körper sowie andere Kleidung an.
Sie atmen die gleiche Luft, sie lachen miteinander, sie spielen miteinander ... –
Nun stell dir vor, sie sitzen an einem großen Tisch mit einem bunten
Blumenstrauß und teilen das Essen. Niemand ist hungrig und allein. Alle
Kinder haben ein Zuhause. So könnte fast das Paradies sein.
Magst du dich zu ihnen setzen? Frag sie, woher sie kommen und wer sie
sind und lass es dir erzählen. Du hast Zeit dazu. – – –
Jetzt musst du Abschied nehmen. Ein Kind schenkt dir eine rote Blume
als Andenken. – –
Wie in dieser Geschichte können die Menschen miteinander aufwachsen
und leben und du nimmst wahr: Alle Menschen sind kostbar und gut.

Dies war die sechste Geschichte. Spüre dich jetzt selbst. Du bist zurück
– hier im Raum. Räkle dich ein wenig durch. Die Reise ist zu Ende.

Gestaltung:

1. Vorschlag – Schöpfungsparadies
Der Mensch bevölkert den Garten. Es gilt, ihm einen angemessenen Platz im Garten zu geben. Er ist ein Geschöpf unter vielen.

2. Vorschlag
Mit Ton und geschlossenen Augen werden zwei kleine Menschen – Mann und Frau – für den Garten oder für sich selbst getöpfert. Es ist gut, sich in dieser Phase dem Männlichen und Weiblichen gleichermaßen zuzuwenden; dies gilt für Kinder, Jugendliche und Erwachsene.
Die Figuren sollten mit Sorgfalt, Liebe und Geduld in der Hand des/r Töpfers/in wachsen.

Thema: 7. Tag – Schabbat – Shalom

Anleitung:

Am Anfang war die Stille, so begann unsere erste Geschichte, unsere erste Phantasiereise. – Und auch heute will ich dich mit in die Stille nehmen. – Weißt du, dass das jüdische Volk einen Tag in der Woche als freien stillen Tag geschenkt bekam? – Die anderen Tage waren voller Arbeit. Und dieser Tag war nur zum Ausruhen da, um all das genießen und wahrnehmen zu können, was es auf der Erde an Schönem und Wertvollem gibt. Und die Stille sollte die Menschen an den Wert des Friedens erinnern. –

Ich möchte auch dir ein Bild des Friedens schenken. Dafür brauchen wir noch einmal all die Geschenke, die du von den anderen Reisen mitgebracht hast. Stell sie dir noch einmal vor:

Das goldgelbe Licht, die blaue Muschel, den hellen durchsichtigen Atemhauch, das immergrüne Blatt, den orangen Bernstein und die rote Blume. – – Dazu schenke ich dir jetzt noch die Farbe Violett. –

Nun stell dir vor, du nimmst eins nach dem anderen in die Hand, verabschiedest dich von ihm – – und dann wirfst du es hoch in den Himmel. – Siehst du, was dann geschieht? Dort wächst daraus ein großer Regenbogen. – Kannst du ihn gut sehen? Er verbindet Himmel und Erde. – Unter diesem Regenbogendach können alle in Frieden miteinander leben. – –

In der jüdischen Sprache hat Frieden einen eigenen Klang. Das Wort heißt: Schalom und bedeutet: Ich wünsche dir Frieden und gutes Wachsen und Gedeihen.

Ich möchte dich einladen, das Wort Schalom zu tönen, damit du seinen Klang hören kannst: *Schalom*.

Lass es uns gemeinsam zum Klingen bringen, mach einfach mit: *Schalom*.

Lass den Klang des Schalom noch ein wenig in der Stille in dir nachklingen. – Stell dir dazu nochmals den Regenbogen vor, wie er dich mit seinen Farben umgibt. –

Vielleicht spürst du: Du bist du, ein wertvolles Menschenkind. Du bist ein Teil des Lebens, gemeinsam mit allem Leben, den Pflanzen, den Tieren und den Menschen und mit Gott. –

Die Stille und der Frieden kamen auf die Erde und zu den Menschen und du nimmst wahr: Die Stille und der Frieden sind kostbar und gut. Schalom.

Dies war unsere siebte und letzte Geschichte. – Spüre dich jetzt selbst. Du bist zurück – hier im Raum. Räkle dich ein wenig durch. Die ganze Reise ist zu Ende.

*G*estaltung:

1. Vorschlag – Schöpfungsparadies
Der Garten ist bewohnt, alle Geschöpfe leben miteinander. Und es ist gut. Der Regenbogen ist ein Zeichen für die Gemeinschaft der Schöpfung. Deshalb wird nun der Regenbogen ausgemalt.

2. Vorschlag
Danach kann mit viel Zeit, vielleicht bei leiser Musik, ein Bild der Ruhe und des Friedens gestaltet werden. Ich lade zu einer freien offenen Malweise ein, die das Motiv des Schabbat, der Ruhe aufnimmt. Das muss nicht gegenständlich geschehen, sondern kann in Farben die Stimmung wiedergeben.

Natur erleben

📖 Thema: Die vier Jahreszeiten

⚠ *Besonderheiten:*

Die vier Jahreszeiten bieten einen guten Zugang zu Phantasiereisen, da sie an konkrete Erfahrungen anknüpfen und gleichzeitig die Individualität der Wahrnehmung deutlich machen.
Die folgende, halb offene Form ist für alle Altersgruppen möglich. Bei Erwachsenen weckt sie oft Kindheitserinnerungen und kann von daher mehr Emotionen bewirken, als vom Thema her zunächst ersichtlich ist.

Der Frühling

♱ *Vorbereitende Körperarbeit:*

Zur Vorbereitung können Sie mit der Vorbeugeübung beginnen (Körperarbeit S. 46) oder mit einer anderen Übung, die in ruhiger Form die Bewegung von Öffnen und Schließen aufnimmt. Anschließend in die Sitz- bzw. Liegehaltung kurz einspüren.

☺ *Anleitung:*

Hinführung:

Ich möchte dich heute einladen, mit mir an einen Ort zu reisen, den du ganz gut kennst.

Die Reise beginnt in einem Raum, aus dem vier Türen nach draußen führen. An den Türen stehen die Schilder »Frühling«, »Sommer«, »Herbst« und »Winter«.

Heute wollen wir die Frühlingstür öffnen. Geh hin, öffne die Tür und tritt hinaus. – Und schon bist du im Frühling. –

Schau dich um. – Wie sehen die Pflanzen, die Wiesen, die Bäume aus? – Vielleicht blühen schon einige Blumen und Sträucher? – Haben die Bäume schon Blätter oder Blüten, oder sind die Knospen noch geschlossen? –

Schau auf das Licht und die Farben. Welche Farben hat der Frühling? – Du gehst weiter und hörst auf all die Geräusche, die der Frühling hat. Vielleicht hörst du die Vögel, den Wind in den Bäumen, Tiere draußen oder etwas ganz anderes. –

Auch einen eigenen Geruch hat der Frühling. Zieh einmal die Luft durch die Nase ein und schnuppere, wonach der Frühling riecht. –

Geh weiter und lass dich vom Frühling über alle Sinne berühren. –

Jetzt such dir einen Platz, an dem du den Frühling genießen kannst. Du kannst dort etwas verweilen. – –

Rückführung:

Nun ist es Zeit zurückzugehen. Geh durch die Tür und schließe sie hinter dir. – Lass dir noch einen Moment Zeit zum Nachklingen. – Dann komm zurück in diesen Raum, spüre deine Hände und Füße, recke und strecke dich und sei wieder ganz da.

Gestaltung:

- Wenn sie nach und nach alle vier Jahreszeiten bereisen wollen, ist es schön, wenn jeder ein Grundmotiv für sich auswählt, dass dann durch alle vier Jahreszeiten gemalt wird.

- Eine andere Möglichkeit ist, abstrakt zu bleiben und jeweils ein Bild in den Farben zu malen, die für die jeweilige Jahreszeit zutreffen. Bei Erwachsenen kann dies auch ein Bild sein, das das Grundgefühl der jeweiligen Jahreszeit widerspiegelt.

- Eine weitere Möglichkeit besteht darin, sich frei nach Musik zu bewegen, zu tanzen und das Frühlingsgefühl körperlich auszudrücken. (Dies kann, aber muss nicht der »Frühling« aus Vivaldis »Vier Jahreszeiten« sein.)

 ## *Variante:*

Sie können die Reise auch auf einmal durch alle Jahreszeiten führen. Dann darf die Verweilzeit in den einzelnen Räumen nicht zu lange sein.
Bei kleineren Kindern sind mehr Beispiele nötig, oder Sie erzählen das Beispiel direkt als Phantasiegeschichte.

Der Sommer

 ## *Vorbereitende Körperarbeit:*

Beginnen Sie im Liegen und spüren Sie sich in den Kontakt zum Boden ein (S. 48). Wählen Sie aber nicht den Vergleich mit dem Liegen am Strand, sonst ist die Sommerlandschaft vorgeprägt.

☺ *Anleitung:*

Hinführung:

Heute möchte ich dich einladen, wieder mit mir in den Raum der »Vier Jahreszeiten« zu gehen.

Diesmal wollen wir die Sommertür öffnen. Geh hin, öffne die Tür und tritt hinaus. – Und schon bist du im Sommer. –

Beweg dich in deiner Vorstellung etwas, damit du ein Gefühl für den Sommer bekommst. Vielleicht kannst du die Wärme auf deiner Haut spüren oder den Wind. – –

Schau dich um. – Die Bäume tragen ihr Sommergrün, – auf den Feldern reift das Getreide, – und in den Gärten wachsen Blumen und Gemüse. – Mit allen Sinnen kannst du den Sommer genießen. –

Gehe langsam durch deine Sommerlandschaft und sieh dir die Farben des Sommers an. –

Deine Nase schnuppert. –

Ein Wind trägt dir allerlei Gerüche herbei. Riecht es nach warmer Erde oder nach Blumen oder nach Grillfeuer oder nach etwas ganz anderem? – Auch die Geräusche im Sommer sind andere als im Frühling. – Vielleicht hörst du das Schwirren von vielen kleinen Insekten, vielleicht ab und zu einen Vogelruf oder auch Stimmen, die sich unterhalten. – Mach deine Ohren weit auf und höre in den Sommer hinein. – –

Such dir jetzt einen Platz, an dem du den Sommer am schönsten findest. Du kannst dort etwas verweilen und alles tun, was du im Sommer am liebsten tust. – –

Rückführung:

Nun ist es Zeit zurückzugehen. Geh durch die Tür und schließe sie hinter dir. – Lass dir noch einen Moment Zeit zum Nachklingen. – Dann komm zurück in diesen Raum, spüre deine Hände und Füße, recke und strecke dich und sei wieder ganz da.

Gestaltung:

s. »Frühlingsreise« (S. 86).
Eine weitere Möglichkeit besteht darin, die Grundstimmung des Sommers pantomimisch auszudrücken. Dazu bereiten sich die Teilnehmenden erst alleine und dann zu zweit oder dritt vor.

Der Herbst

 ## *Vorbereitende Körperarbeit:*

Beginnen Sie mit einer Übung im Stehen, die ein Gefühl von Weite und Raum vermittelt. Beginnen Sie mit der großen Vorbeuge. Wenn Sie sich vom Boden her aufgerichtet haben, breiten Sie die Arme aus und drehen sich langsam einmal um sich selbst. Verweilen Sie einige Atemzüge so. Dann lassen Sie die Arme sinken und setzen oder legen sich hin.

 ## *Anleitung:*

Hinführung:
Heute möchte ich dich zu einer neuen Phantasiereise einladen. Zweimal waren wir nun schon im Raum der »Vier Jahreszeiten«.
Diesmal wollen wir die Herbsttür öffnen. Geh hin, öffne die Tür und tritt hinaus. – Und schon bist du im Herbst.

Geh ein paar Schritte in deiner Vorstellung. – Was kommt dir als Erstes entgegen? – Siehst du die bunten Bäume, oder riechst du das feuchte Laub? –
Vielleicht spürst du auch als Erstes den Herbstwind oder siehst die Morgennebel aus den Wiesen steigen. – Der Herbst hat viele Seiten. Bewahre deinen ersten Eindruck. – –
Geh nun weiter und mache einen kleinen Spaziergang durch den Wald. Schau dir die Bäume an, wie bunt sie schon sind. –
Schau auf das Licht und die Farben. Keine Jahreszeit hat solche Farben wie der Herbst. –
Wenn du magst, geh aus dem Wald weiter auf die Felder. Kannst du den Wind spüren? –
Vielleicht hast du Lust, Drachen steigen zu lassen. Schau ihnen zu, wie sie am Himmel fliegen. –
Auf dem Rückweg such dir deinen Lieblingsplatz, am dem du noch ein wenig im Herbst verweilen magst. –
Spüre noch einmal den Herbst mit allen Sinnen. –

Rückführung:
Nun ist es Zeit zurückzugehen. Geh durch die Tür und schließe sie hinter dir. – Lass dir noch einen Moment Zeit zum Nachklingen. – Dann komm zurück in diesen Raum, spüre deine Hände und Füße, recke und strecke dich und sei wieder ganz da.

 ## Gestaltung:

Wenn die Imagination im Herbst stattfindet, kann sich ein Herbstspaziergang an-schließen. Aus gesammelten Naturmaterialien kann dann ein Herbstbild gestaltet werden.

Der Winter

✝ Vorbereitende Körperarbeit:

Zur Vorbereitung auf die Ruhe des Winters passt die passive Muskelentspannung (s. S. 51).

☺ Anleitung:

Hinführung:
Heute möchte ich dich zu einer weiteren – mehr geführten – Phantasiereise einladen. Stell dir noch einmal den Raum der »Vier Jahreszeiten« vor.

Diesmal wollen wir die letzte Tür, die Tür zum Winter öffnen. Geh hin, öffne die Tür und tritt hinaus. – Und schon bist du im Winter.

Schau dich um. Vor dir liegt eine weite Winterlandschaft. – So weit du sehen kannst, ist alles mit Schnee bedeckt. Der Schnee glitzert in der Wintersonne. Sieh zur Sonne hoch, sie ist ganz blass und schwach. Aber wenn du dein Gesicht zur Sonne drehst, kannst du doch ein wenig Wärme spüren. –

Langsam gehst du los. Wenn du dich umdrehst, kannst du deine Spur im Schnee sehen. – –

Im Schnee sind noch andere Spuren. Von wem mögen sie wohl sein? Von Vögeln, Hunden, Hasen oder Rehen? Ob eines der Tiere noch in der Nähe ist? Vielleicht kannst du es sehen. –

Langsam gehst du weiter. Die Luft berührt dein Gesicht, du spürst, wie kalt sie ist. Vielleicht kannst du deinen Atem sehen, wenn du ausatmest. –

Du kommst an einem See vorbei. Er ist dick zugefroren. Wenn du Lust hast, kannst du ein wenig übers Eis schlittern. –

Hinter dem See liegt ein kleiner Berg, du stapfst durch den Schnee hinauf. Von dort oben kannst du noch weiter sehen. Du stehst ganz still und lauschst. –

Fast kein Geräusch ist zu hören. Nur manchmal knistert der Schnee, dann ist es wieder still. Eine Weile bleibst du so stehen. – –

Dann geht es auf den Heimweg. – Freust du dich auf ein warmes Zimmer, etwas Warmes zu trinken? –

Stell es dir vor, und schon ist es da. Mach es dir gemütlich und lass die Winterbilder noch ein wenig nachklingen.

Rückführung:
Jetzt ist es Zeit, den Winter zu verlassen. Komm zu der Tür zurück und schließe sie hinter dir. Dann dehn und streck dich gut durch, die Reise ist zu Ende.

 *Gestaltung:*

Winterbilder lassen sich gut mit weißer Kreide auf schwarzen Karton malen.

Thema: Was alles im Apfel ist

Besonderheiten:

Diese Phantasiegeschichte vermittelt am Beispiel des Apfels ein Gefühl für die Verbundenheit von Mensch und Natur.

Sie brauchen für jede/n einen Apfel, den sich alle vorher gründlich ansehen können und den sie während der Phantasiegeschichte in der Hand halten.

✝ Vorbereitende Körperarbeit:

Es genügt eine kurze Hinführung zum aufmerksamen Sitzen; die Hände mit dem Apfel ruhen im Schoß.

☺ Anleitung:

Hinführung:

Ich möchte euch heute einladen, die Lebens-Geschichte von eurem Apfel mitzuerleben. – Ich möchte mit der Geschichte im letzten Winter beginnen. Irgendwo steht ein Apfelbaum, an dem euer Apfel gewachsen ist ... Könnt ihr euch vorstellen, wo euer Baum steht? Ist er alleine oder steht er mit vielen zusammen? – Manchmal, wenn man die Augen schließt, hat man das Bild seiner Umgebung, ohne groß darüber nachzudenken. Sonst stellt es euch vor. –

Da steht nun der Apfelbaum, ganz ohne Blätter, so wie immer im Winter. Aber euer Apfel ist schon in diesem Baum, auch wenn er noch nicht zu sehen ist. Wo? – Das ist noch das Geheimnis des Baumes. Warte noch einen Augenblick. Im Winter ruht der Baum sich aus und sammelt neue Kraft. – –

Dann wird es Frühling. Die Sonne scheint kräftiger und der Baum verändert sich. Wenn ihr genau hinseht, entdeckt ihr, dass die Spitzen der Zweige immer dicker werden. – Noch ein paar Sonnenstrahlen, dann platzen die dicken Enden auf. – Heraus wachsen Blüten, rosa-weiße Blüten. Könnt ihr euch den Baum vorstellen, wie er im Frühjahr aussieht, ganz voll mit rosa-weißen Blüten?

Die Blüten laden die Bienen und Hummeln ein. Sie kommen vorbei und tragen den Blütenstaub von Blüte zu Blüte. Manche Blüten reißt der Wind ab, manche fallen im Regen herunter. Aber die Blüte, aus der euer Apfel kommt, ist stark und bleibt am Baum. Könnt ihr euch schon vorstellen, aus welcher der vielen Blüten euer Apfel wachsen wird? – –

Zeit vergeht. Die Sonne scheint, Regen fällt und der Baum bekommt grüne Blätter. Jetzt könnt ihr euren Apfel schon sehen. Noch ist er so klein, dass ihr nahe herangehen müsst, um ihn zu entdecken. Schaut genau hin. – Hinter der Blüte ist eine kleine dicke Stelle, rund und grün. Das ist euer Apfel.

Der Baum gibt ihm Kraft und lässt ihn immer mehr wachsen. Manchmal besuchen in Ameisen und andere kleine Tiere. Manche knabbern sogar an ihm. Aber eurem Apfel geschieht nichts, er wächst weiter. –

Lange wächst er so. Die Sonne scheint und schenkt ihre Energie dem Baum, und der Baum gibt sie weiter an den Apfel. – Regen fällt und der Baum trinkt das Wasser und gibt es dem Apfel. – Die Luft umweht den Baum und der Baum atmet die Luft und gibt sie an den Apfel. – Die Erde ist voller Nahrung, der Baum nimmt sie mit seinen Wurzeln auf und gibt sie an den Apfel weiter. –

Immer größer wird der Apfel und bekommt rote und gelbe Backen. Jetzt ist er zwischen den Blättern gut zu sehen. Schaut ihn euch noch einmal an, wie er da im Baum hängt. – –

Dann kommt der Tag, an dem jemand sagt: »Es ist Zeit, die Äpfel zu ernten.« Hände fassen ihn, nehmen ihn von dem Baum weg, der ihn so groß hat werden lassen. Sie legen ihn in eine Kiste, in der schon viele Äpfel sind. Dann geht die Reise weg vom Baum. – Viele Menschen haben ihn noch getragen und berührt, bis er hier zu dir in die Hand kam.

Rückführung:
Mach die Augen nun auf und schau ihn dir nochmal an. In deiner Hand liegt ein Stück vom Wind, ein Stückchen Sonne, ein Stückchen Regen und ein Stückchen von der Erde an dem Platz, an dem der Baum steht. – Und wenn du ihn jetzt isst, isst du die Sonne und den Wind, die Erde und den Regen mindestens vom letzten Jahr.

Gestaltung:

In einer Gemeinschaftsarbeit kann ein großer Baum gestaltet werden, der von Sonne, Regen, Wind und Erde umgeben ist. Dazu eignet sich die Reißtechnik mit Bunt- oder Transparentpapier.

Als Erstes sollte aber jede/r für sich seinen/ihren Apfel aus Papier ausreißen und ihn später in den Baum kleben.

 # *Variante:*

Natürlich geht dies auch mit anderen Obstsorten, Nüssen etc. Nach meiner Erfahrung haben aber die Menschen bei uns eine besondere Beziehung zu Äpfeln. Sie werden von den meisten auch gern gegessen.

 # Thema: Das Element Feuer

Besonderheiten:

Diese Phantasiegeschichte ist eine Einladung, ein (Grund-)Element der Natur so zu erleben, dass es uns neugierig und vielleicht auch ein wenig Staunen macht.

Vorbereitende Körperarbeit:

Zum Feuer passt eine energievolle Körpererfahrung, zum Beispiel die Vorübung zum Drachenkampf (s. S. 113) oder ein Stampftanz.

Anleitung:

Hinführung:

Heute möchte ich dich zu einer abenteuerlichen Vorstellung einladen.
Kannst du dir vorstellen, wie es ist, Feuer zu sein? – Ich lade dich ein, es
zu entdecken. Mach es dir bequem und schließe deine Augen.

Stell dir nun vor, du bist ein kleiner Funke. –

Du leuchtest auf und bringst ein Streichholz zum Brennen. Jetzt bist du
in der kleinen Flamme, die das Streichholz verzehrt. –

Mit dem Streichholz wird eine Kerze angezündet. Das Licht scheint hell
und du bist die Flamme, die das Licht leuchten lässt. –

Ein Kamin wird angezündet und du hast Lust, als eine der vielen kleinen
Flammen auf dem Holz zu tanzen. –

Funken fliegen aus dem Kamin und du fliegst mit hinaus über die Stadt.
Du triffst einen anderen Funken. Der kommt aus einem großen Ofen,
der in einer Müllverbrennung brennt. Das Feuer dort ist so heiß, dass es
alles verschlingt, was hineingeworfen wird. – –

Jetzt kommt ein Gewitter. Keine Angst, du bist ja selbst der Blitz. Mit
lautem Krachen fährst du in einen Baum und zündest ihn an. Hell leuchtet
das Feuer übers Land. –

Der Regen löscht das Feuer wieder und schnell springst du als kleiner
Funke davon. Du lässt dich ganz hoch in die Luft tragen, bis hinaus ins
Weltall. – –

Da schlüpfst du in die Sonne hinein und schickst deine Wärme und deine
Energie auf die Erde.

Die Menschen freuen sich, wenn du sie erwärmst, die Pflanzen und die
Tiere auch. –

Wenn du lange genug Sonne warst, setzt du dich auf einen Sonnenstrahl
und rutschst zurück zur Erde. Du wirst ein kleiner Funke Lebensenergie
und springst geradewegs in dein Herz. Dort bleibst du und wärmst und
gibst Kraft.

Rückführung:

Damit ist unsere Reise zu Ende. Spüre dich wieder selbst. Beweg deine Hände und Füße. Dann öffne die Augen und sei wieder ganz hier.

 # Gestaltung:

- Ein Feuerbild lässt sich gut aus Transparentpapier reißen oder großflächig malen.

- Ein energievoller Tanz kann auch eine gute Ausdrucksform sein.

Wachstum und Vertrauen

📖 Thema: Der Mensch ist wie ein Baum

⚠ *Besonderheiten:*

Dies ist eine Phantasiereise mit Gleichnischarakter zu Psalm 1,3. Obwohl die Anleitung hier in gelenkter Form dargestellt ist, die zum voll entfalteten Baum hinführt, können trotzdem auch andere Bilder kommen. Bitte in der Gesprächsphase alle Bäume gleich wichtig nehmen.

Achtung!! Mit geringer sprachlicher Änderung wird aus dieser Übung eine intensive und offene Imagination. Dabei wird das innere Bild des Baumes oft das Lebensgefühl des Betreffenden widerspiegeln. Diese Übung braucht einen geschützten Raum und entsprechend viel Zeit für das Nachgespräch. Einfache, verkrüppelte Bäume oder Bäume ohne Blätter, Früchte sind genauso wertvoll wie entfaltete Bäume. Alle Bilder haben ihren Wert.

✝ *Vorbereitende Körperarbeit:*

Zu dieser Imagination passt gut eine Übung, um die eigene Größe und Verwurzelung wahrzunehmen. Leiten Sie im Stehen dazu an, zunächst die Füße gut zu spüren und sie dann in der Vorstellung in den Boden hinein zu verlängern, zu verwurzeln. Lassen Sie danach, von den Wurzeln angefangen, die aufrichtende Kraft durch den Körper nach oben fließen, bis alle das Gefühl haben, voll aufgerichtet zu sein (Stamm). Um die Öffnung der Krone nachzuempfinden, können dann noch die Arme in einer langsamen Bewegung seitlich nach schräg oben geführt werden. Zum Schluss die Arme absenken und sich – ohne die Spannung ganz aufzulösen – in einer guten Spannung hinsetzen oder -legen.

☺ *Anleitung:*

Hinführung:
Stellen sie sich eine Landschaft mit einem Bachlauf und einer Wiese vor. –
In der Erde in der Nähe des Baches wächst ein kleiner Baum. –
Er ist gerade aus der Erde herausgekommen. –
Langsam wächst der Baum heran. –
Die Wurzeln breiten sich aus. Der Stamm wird kräftiger. Die Äste breiten
sich aus. –
Der Baum erlebt Wind und Regen, Sonne und Kälte. –
Die Wurzeln werden tiefer und verbreitern sich, der Baum steht fest ... – –
Der Stamm wird stärker, die Krone bildet sich aus. –
Der Baum wächst Jahr um Jahr, er erlebt alle Jahreszeiten. –
Er ist groß und tief verwurzelt in die Erde. Er erreicht das Grundwasser. –
Seine Krone trägt Blätter und vielleicht zu ihrer Zeit auch Früchte. –
Der Baum hat sich entfaltet, so wie es ihm möglich war. – –
Schauen sie ihn sich aus der Entfernung noch einmal an. –
Nun nehmen sie Abschied von ihrem Baum. –

Rückführung:
In gewohnter Weise zum Ankommen und körperlichen Munterwerden
einladen.

Gestaltung/Ausdruck:

Bei der Gestaltung lade ich ein, den Baum im letzten Stadium zu malen. Wem ein
anders Bild wichtig wurde, kann auch dies gestalten.
Für die Gestaltung sollten sie mindestens DIN A2-Blätter nehmen, so hat der Baum
genug Raum. Als Mal-Utensilien eignen sich Acrylfarben mit dicken und dünnen
Pinseln oder Pastellkreiden, z.B. von Gerstäcker.

⊟ *Variante:*

Als Variante finden sie eine körperbezogene Phantasiereise mit Bewegung unter dem Stichwort Schöpfung (4. Tag, S. 75).

📖 Thema: Vertrauen haben

⚠ *Besonderheiten:*

Vertrauen zu den Menschen und Vertrauen zum Urgrund des Lebens sind eng miteinander verbunden. Wer als Mensch von Menschen kein Vertrauen erfahren hat, dem fällt es schwer, sich dem Urgrund des Lebens anzuvertrauen. Und doch ist es möglich, missbrauchtes Vertrauen in neuen Vertrauensprozessen zu wandeln. Das Vertrauen in den »Grund des Lebens« kann nur auf der Erfahrungsebene gelebt werden. Diese Übungen nehmen uralte Motive des Vertrauens auf, Abraham (und Mose) sind Menschen, die dieses Vertrauen gewagt haben.

✝ *Vorbereitende Körperarbeit:*

Bei Erwachsenen kann ich mir gut eine intensive Eutonieübung vor der Phantasiereise vorstellen, um im Spüren des Kontaktes sich dem Boden anzuvertrauen. In der vereinfachten Form laden sie dazu ein, sich bewusst dem Boden anzuvertrauen:

° *Leg dich – wie im warmen Sand am Meer – (auf den Rücken) ab. Spüre die Auflage deines Kopfes, lege ihn bewusst ab und lass dein Gewicht vom Boden tragen. – (Es folgen die Arme, der Rumpf mit dem Becken, die Beine, die Fersen.) – Vertraue dich dem Boden ganz an. Er trägt dich. –*
Von hier aus leiten Sie zur Phantasiereise über. Zum Beispiel: Es ist gut, das Vertrauen zum Boden zu spüren, denn für unsere heutige Phantasiereise können wir viel Vertrauen gebrauchen. Stell dir vor ...

☺ *Anleitung:*

Das Abraham-Motiv

(Diese Imagination ist lang und intensiv. Sie ist erst für ältere Jugendliche oder Erwachsene einsetzbar. Nach jeder Station bitte warten und die Teilnehmenden zum Beispiel anfragen: »Seid ihr durch die Stadt ... oder auf dem Berg.«)

Stell dir vor, eine Stimme sagt zu dir: »Ich führe dich in ein neues Land. Du wirst dort in einem wunderbaren Garten mit einem Haus leben. Dies soll deine Heimat werden.«

Ich lade dich ein loszugehen. – Schaue dir das Neue wenigstens einmal an. Ob du dort bleiben willst, kannst du dann entscheiden.

Packe deinen Rucksack und lade einige Freunde ein mitzukommen. Du kannst auch alleine gehen. –

Du wanderst los. Vor dir liegt der Weg. Du gehst durch Felder und Wiesen. –

Du durchwanderst eine Stadt. –

Du überquerst einen Fluss. –

Du wanderst durch einen tiefen Wald. –

Du wanderst durch eine Wüste. –

Du wanderst auf einen Berg. –

Von dort siehst du deinen Garten, dein Haus in der Ferne. –

Du gehst zu deinem Haus und Garten. –

Du bist angekommen, schau dich um, richte dich ein. –

Dies ist der Ort, an dem du dich niederlassen kannst. –

Rückführung:
Ohne Eile zum Rückkehren einladen.

*G*estaltung:

- Jede/r Teilnehmer/in hat eine kleine Kiste, eventuell einen Schuhkartondeckel. In der Mitte stehen viele Naturmaterialien, besonders viel Sand, Erde, Steine ... Weiteres Material kann – je nach Ort – draußen in der Natur gesammelt werden. Daraus kann ein Bild, dass der Person wichtig war, selbst gestaltet werden.

*V*ariante:

- Der klassische Vertrauensspaziergang nimmt Motive der Phantasiereise auf und führt sie fort. Zwei Personen, die sich vertrauen können, finden zusammen. *Absicht ist es, einander vertrauensvoll und sicher zu führen. Dies muss durch die Anleitung deutlich werden!* Eine schließt die Augen, die andere Person führt, sie/ihn durch den Garten, den Park, das Haus ... Dabei wird die geführte Person nur zart mit den Fingerspitzen berührt. Wem dies zu wenig Sicherheit schenkt, dem kann auch die ganze Hand gegeben werden.
  Die Zeitdauer bestimmt sich nach Alter und Konzentration. Sie kann zwischen 5 Minuten und 30 Minuten pro Person liegen.

- Für Kinder sollte die Imagination in eine Phantasiegeschichte umgewandelt werden, die den Kindern von möglichen Erfahrungen des Abraham erzählt.
  Eine kleine Anregung möchte ich dazu geben:

*A*nleitung:

Ich möchte dich einladen, Lea und ihren Onkel Abraham auf einer Reise zu begleiten. Schließe die Augen, um die Geschichte mitzuerleben.
Lea (gerade fünf Jahre alt) liegt in ihrem Zelt und schläft. Ganz früh morgens wird sie wach. Sie schaut aus dem Zelt, es ist noch dunkel. –
Langsam wird es hell. Die Sonne geht auf, das Morgenrot breitet sich aus. –

Vor dem Zelt stehen bepackte Esel und Kamele. Auch zahlreiche Menschen sind dort. Mittendrin ist Leas Onkel. Alle nehmen sich in den Arm, sie verabschieden sich. –

Lea huscht aus dem Zelt zu ihrem Onkel und hält sich an seinem schwarzen Gewand fest. –

Sie hört das Atmen der Tiere, die geflüsterten Worte der Menschen. Es soll auf eine große Reise gehen. –

Dann ist es so weit. Ihr Onkel setzt sie in einen der Körbe, die an den Kamelen hängen. – Sie ziehen los. Lea sieht auf die anderen Zelte zurück und winkt. – –

Ihr Onkel wandert neben ihr. Stunde um Stunde wandern sie, langsam wird es heiß. –

Auf einem Hügel stehen einige Bäume. Sie sieht eine Quelle und klettert aus dem Korb. Geschickt springt sie von dem Kamel. –

Sie trinkt von dem Wasser, dann eilt sie zu ihrem Onkel, der in die Ferne schaut. –

»Lea, sieh in die Ferne, dorthin werden wir ziehen – durch Flüsse, durch Täler, durch die Wüste und über die Berge dort hinten. Ich weiß selbst noch nicht, wo unsere Reise endet. Aber ich weiß, wir ziehen in ein gutes Land.«

Lea schaut in die Ferne und stellt sich die Wüste und die Berge vor. – –

Sie wandert in Gedanken durch die Täler und watet durch die Bäche und Flüsse. – Sie spürt die Ungewissheit in sich, wie wird die Reise wohl werden? Und wo werden sie ankommen? – Eine Weile steht sie so da. – –

Der Onkel legt seine Hand auf ihre Schulter. Sie sieht ihn an, sieht ihm in die Augen. Plötzlich ist sie sicher. Sie fasst nach seiner Hand: »Ich gehe mit dir, Onkel Abraham. Dir vertraue ich. Du kannst mich beschützen, du bist groß und stark.«

Abraham lächelt und drückt die kleine Hand. Gemeinsam gehen sie zu den Zelten und lassen sich nieder. –

📖 Thema: Ein Licht erhellt die Dunkelheit

🔺 *Besonderheiten:*

»Liebe kann man verschenken und sie wird trotzdem mehr«, so oder ähnlich las ich ein Graffitti. Was für die Liebe gilt, gilt auch für das Licht. Dieses Graffitti habe ich in eine Imagination umgesetzt.

✝ *Vorbereitende Körperarbeit:*

° *Legen Sie sich gut ab und fühlen Sie den Bodenkontakt. Spüren Sie, wo Sie noch verspannt sind, nehmen Sie ebenso schlaffe Körperpartien wahr. Machen Sie nichts außer Sich-Wahrnehmen. Ihr Leib sorgt – wenn er darf – für die Spannung, die er braucht.*

☺ *Anleitung:*

Hinführung:

Spüren sie noch einmal wie sie liegen und lassen sie sich nun auf die Phantasiereise ein.

Stellen sie sich vor, es ist ein dunkler Abend. Sie sitzen auf einem Platz in der Stadt. Menschen hasten vorbei. Kaum einer sieht den anderen an. Jeder ist sich selbst genug. Die Dunkelheit umhüllt die Menschen. –

Sie halten inne und nehmen eine kleine Kerze aus ihrer Tasche in die Hand. Sie zünden die Kerze an. – –

Die Kerze schenkt Wärme und Licht. –

Menschen halten an und schauen. Verteilen sie kleine Kerzen. Wer mag, kann sich an der einen Kerze Licht holen. – –

Es wird heller und wärmer. –

Immer mehr Menschen schließen sich an, holen sich Licht und bleiben stehen.–

Sie können so viel Licht verteilen, wie sie möchten – das Licht wird nicht weniger werden, sondern zunehmen. – –
Schauen sie sich um, wie hell es jetzt geworden ist. –

Rückführung:
Aus dem einen Licht ist ein Lichtermeer geworden. Nehmen sie die Veränderung wahr und verabschieden sie sich von ihren Bildern und Begegnungen. Bewegen sie sich und strecken sie sich durch.

 # Gestaltung:

1. Vorschlag:
Es bietet sich an, das persönlich wesentliche Bild auf schwarzen Karton zu malen.

2. Vorschlag:
In einem verdunkelbaren oder dunkeln Raum wird die Imagination praktisch umgesetzt. Ein Licht schenkt anderen Licht. Aus wenig wird mehr. Aus Schenken und Weitergeben wächst ein Lichtermeer.

Thema: Der wachsende Weizen

Besonderheiten:

Diese Imagination kann dazu verleiten, alle Erfahrungen von Nicht-Weizen zu bewerten bzw. abzuwerten. Aber im Wachsen-Lassen der unterschiedlichen Samen liegt eine große Freiheit, der/die zu werden, der/die ich bin. Dazu gehört auch die Verantwortung für das, was ich getan habe/was ich bin. Doch es liegt nicht an uns, dies zu bewerten (vgl. dazu aus der Bibel Matthäus 13,24-30a).

✝ *Vorbereitende Körperarbeit:*

Dehnen und räkeln, sich strecken, sich klein machen.

☺ *Anleitung:*

Hinführung:
Stell dir ein großes Feld vor. Es ist gepflügt, die Erde ist zerkleinert und der Boden tiefbraun und feucht. – –
Ein Bauer kommt zu dem Feld. Er hängt sich ein Tuch um, sodass eine Art offener Sack vor ihm ist. Dort hinein füllt er Weizenkörner. –
Er geht über das Feld. Er wirft mit der Hand die Körner aus, er sät. –
Er geht Schritt für Schritt, Atemzug um Atemzug. –
Am Ende des Feldes geht er ein wenig zur Seite und kommt wieder zurück. –
Er holt neue Körner. Und er geht wieder los, bis er fertig ist. Er geht Schritt für Schritt, Schritt für Schritt, Atemzug um Atemzug. Ganz regelmäßig wirft er seine Körner. –
Endlich ist er fertig. –
Der Weizen liegt im Schoß der Erde, keimt und wächst. – –
Er wird größer und größer und wächst heran. –
Auch andere Kräuter, vielleicht Blumen (Kornblumen oder Mohn) und Gräser wachsen mit. –
Seht wie das ganze Feld heranwächst, bis der Weizen reif wird. – –
Es ist Zeit zur Ernte. Der Bauer kommt und mäht den Weizen. –
Er drischt ihn aus und fängt die Körner in einem Sieb auf. Der Schmutz und die anderen Samen fallen heraus. –
Aus dem Sieb nimmt der Bauer eine Hand voll sauberen Weizen und sieht ihn an. Stellt euch den Weizen vor, den der Bauer in der Hand hat. –

Rückführung:
Gewohnte körperliche Einladung.

Gestaltung:

Verschiedene Samen, die niemand kennt, werden mit Weizen gemischt und in einen Topf gepflanzt. Die Verantwortung für das Gießen wird von jedem/r übernommen. Die Menschen werden eingeladen, das Wachsen zu begleiten; zu sehen, wie Weizen und Wildkräuter sich den Platz teilen, können sie eventuell am Ende die Pflanzen ernten.

Variante:

- 1. Die Phantasiereise kann auch direkter erzählt werden:

  ○ *Stell dir vor, du bist eines der vielen Weizenkörner, die auf einem Feld ausgesät wurden. –*
  Langsam wächst du heran, du wirst größer und größer. –
  Wenn du herangewachsen bist, schaue über das ganze Feld. –
  Zwischen den Weizenpflanzen gibt es auch Blumen und Kräuter. –
  Alles wächst auf einem Feld und trägt Früchte. –
  So ist ein buntes Feld geworden. –

(Bei dieser Phantasiereise würde ich die Ernte nicht einbeziehen, da es sein kann, dass ein Kind eine Blume wurde oder ein Kraut. Es würde dann vielleicht erleben: Ich werde aussortiert. Bei obiger Phantasiereise liegt der Schwerpunkt aber auf der gegenteiligen Absicht: »Es ist gut, dass jeder wachsen darf, so wie er/sie ist. Wir Menschen haben uns nicht gegenseitig abzuwerten.«)

- 2. Die Phantasiereise der Variante 1 kann auch als Beteiligungs-Phantasiereise angeleitet werden. Sie eignet sich gut für Kinder. Die Kinder sind dann das kleine Weizenkorn, das heranwächst auf einem großen Feld. Die Kinder beginnen dabei zusammengekauert und entfalten sich mehr und mehr.

- 3. Sie können am Ende sich gegenseitig wahrnehmen, sie sind das Feld.

Beide Varianten lassen sich gut als Gruppenbild gestalten. Jedes Kind gestaltet eine Pflanze, diese wird ausgeschnitten und auf ein gemeinsames Feld (z.B. Packpapierrolle) geklebt oder durch kleine Schlitze gesteckt.

Wandlungen

Thema: Der erste Spatenstich hebt den Berg ab/Viele kleine Leute

▲ *Besonderheiten:*

Ich nehme zwei Weisheiten auf und verbinde sie zu einer kleinen Imagination. Diese Imagination habe ich oft – auch bei Erwachsenen – als sehr ermutigend erlebt.

† *Vorbereitende Körperarbeit:*

Sie können mit einer abgewandelten Yogaübung beginnen. Stehen Sie in aufrechter Haltung. Stellen Sie nun einen Fuß einen Schritt vor, der hintere Fuß dreht sich leicht nach außen. Nehmen Sie dann die Hände über den Kopf, sodass sich die Finger berühren. Aus dieser Haltung neigen Sie sich mit gestrecktem Rücken nach vorne und lassen zum Schluss Arme, Schultern und Kopf hängen. Wenden Sie dann die Handflächen nach oben und richten sich mit gestrecktem Rücken und Armen auf. –Nach etwas Einübung kann daraus eine fließende Bewegung werden. – Nach einer kurzen Pause zum Nachspüren können Sie die Übung mit dem anderen Bein nach vorne versetzt nochmals wiederholen. Anschließend hinlegen und dem Atem nachspüren.

☺ *Anleitung:*

Hinführung:

Die Phantasiereise heute führt dich zu einem Berg. Lege dich gut hin und sammle deine Kraft.

Stell dir vor, unter dem Berg ist nur Müll. Der Berg soll abgetragen werden. – Ein großer Drache sitzt in seiner Höhle und will den Müll mit seinem Feuermaul auffressen. –

Du schaust dir den Drachen an. Der Drachen lächelt und hat Hunger. Er bittet dich um Futter von dem Berg. –

Du bist alleine. Der ganze Berg liegt vor dir. – –

Du nimmst eine Schaufel und beginnst, den Berg abzuheben. Du wirfst eine Schaufel Müll nach der anderen dem Drachen ins Maul. –

Ein kleines Stück vom Berg ist schon abgetragen. –

(Hier kann die Phantasiereise enden – es folgt ein zweiter Teil.)

Du stehst vor dem Berg und arbeitest langsam weiter.

Schaufel um Schaufel, Atemzug um Atemzug arbeitest du weiter und fütterst den Drachen. – –

Aber du bist nicht (mehr) allein. Schau dich um. Viele Kinder (viele andere Leute) kommen, um dir zu helfen. Jungen und Mädchen (Männer und Frauen) arbeiten mit ihren Schaufeln und füttern den Drachen. –

Schaufel um Schaufel, Atemzug um Atemzug, Schritt für Schritt wird der Berg kleiner. –

Du hälst inne. Für heute ist das Abtragen beendet. – Schau dich um. Die Gegend hat ein anderes Gesicht bekommen. Mit deinem ersten Spatenstich hat alles angefangen. Gemeinsam mit vielen kleinen Leute hast du die Welt mitgestaltet.

Rückführung:

Die Phantasiereise ist nun zu Ende. Du bist hier – ohne Spaten und ganz alleine. Aber vergiss nicht –, mit dem ersten Spatenstich fing alles an. – Bewege dich nun wie ein aufwachender Drachen. Sei ganz hier im Raum.

*G*estaltung:

Die Geschichte bietet mehrere Gestaltungsmöglichkeiten, manche werden vom Drachen fasziniert sein, andere vom Berg oder vom ersten Spatenstich. Schön ist es – mit offenen oder geschlossenen Augen –, den müllschluckenden Drachen in Ton zu gestalten oder ein – den Kindern/Menschen – wichtiges Bild gemeinsam in Farbe großflächig zu gestalten.

Dazu kann auch ein Lied gesungen werden.

*V*iele kleine Leute

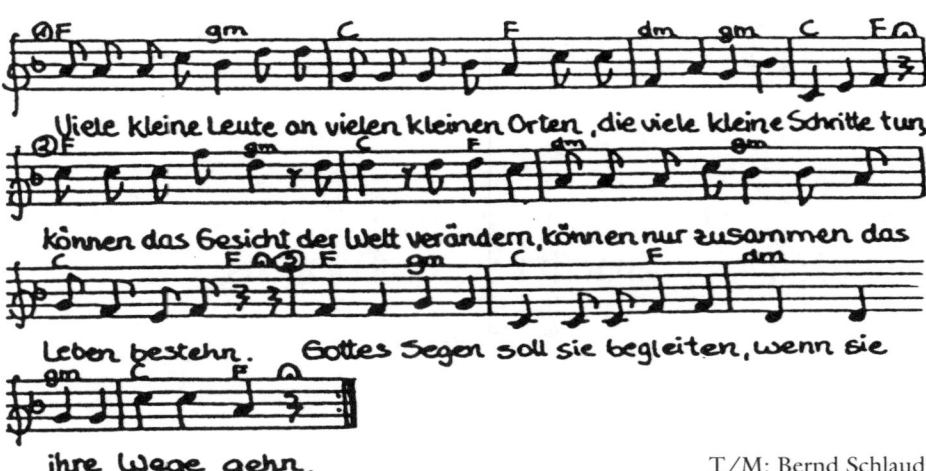

T/M: Bernd Schlaudt

Wir stehen im Kreis und fassen uns an den Händen.

Viele kleine Leute an vielen kleinen Orten,
die viele kleine Schritte tun ...:
Wir gehen in langsamen Schritten nach links im Kreis. Bei »Schritte tun«: deutlich hörbar 3 kleine Schritte stampfen.

Können das Gesicht der Welt verändern ...:
Die Arme öffnend nach oben nehmen – so, als wollten wir die zu verändernde Welt darin halten.

Können nur zusammen das Leben bestehn ...:
Die Arme herunternehmen, den Nachbarmenschen auf die Schultern legen.

Gottes Segen soll sie begleiten ...:
Die Hände geben, 4 Schritte auf die Mitte zugehen, dabei angefasst die Hände heben.

109

Wenn sie ihre Wege gehn ...:

Mit 4 Schritten wieder zurückgehen, die Hände lösen, den Weg vor sich haben, um wieder viele Schritte tun zu können.

Kanon 2-st.:
1 kleinerer Kreis in der Mitte = 1 Gruppe
1 größerer Kreis außen herum = 1 Gruppe

Kanon 3-st.:
3 einzelne Kreise = jeweils eine Gruppe

Variante:

Die Variante ist schon angedeutet. Die Phantasiereise besteht aus zwei Teilen, die auch getrennt voneinander angeleitet werden können. Allerdings ist es notwendig, dass diese Teile dann in sich abgeschlossen ausgearbeitet und verwendet werden.

Thema: Der Schmetterling – Eine Wandlungserfahrung

Besonderheiten:

Im Leben des Schmetterlings gibt es körperliche Wandlungsphasen, die sich gleichnishaft auf Phasen innerer Wandlung übertragen lassen. Dazu leitet die Phantasiereise an und ist damit eher für Jugendliche und Erwachsene gedacht. Die Variante 1 spricht die Körpererfahrung an und ist auch für Kinder gut geeignet.

Vorbereitende Körperarbeit:

Durch einige Dehn- und Streckbewegungen die Muskulatur aktiv ansprechen. Dann in eine entspannte Sitz- oder Liegeposition überleiten.

☺ Anleitung:

Hinführung:

Heute möchte ich dich einladen, die Lebensgeschichte eines Schmetterlings mitzuerleben. Hör nur zu und lass die Worte in dir zu Bildern, Gefühlen und Erfahrungen werden.

Stell dir nun vor, du bist winzig klein und von einer weichen, durchsichtigen Hülle umgeben. Dir geht es gut. Du spürst keinen Hunger und keinen Durst und trotzdem wächst du immer ein bisschen mehr. – – Langsam wird es dir in deiner Hülle zu eng. Du dehnst und regst dich ein wenig – da reißt die Hülle auf. –

Du kriechst heraus und machst dich erst einmal ganz lang. – Alles ist so neu und ungewohnt für dich. – Du riechst die Blumen, spürst die Sonne und den Wind, siehst die vielen Farben und staunst. – Und dann hast du Hunger. – Schnell findest du heraus, was gegen den Hunger hilft, was du essen kannst. –

Du kletterst los, frisst von den Blättern, versteckst dich vor den Vögeln und Insekten. Dir geht es gut. – Kein Tag ist wie der andere. – Manchmal hast du vielleicht ein wenig Angst, gefressen zu werden und versteckst dich. – Ein anderes Mal sonnst du dich übermütig. – –

Du wächst prächtig, wirst immer runder und auch ein bisschen träger und langsamer. – Irgendwann spürst du, dass etwas anders werden muss. Erst weißt du nicht, was du tun sollst, aber dann hörst du in dir die Antwort. – Sorgfältig suchst du dir einen schönen versteckten Platz und verbirgst dich an der Unterseite eines kleinen Zweiges. – Und dann spinnst du dich mit einem dünnen Faden von unten bis oben ein, bis nichts mehr von dir zu sehen ist. –

Ganz ruhig hängst du da. Es ist, als ob du schläfst. In dir geschieht etwas. Was war, vergeht, etwas Neues wächst heran. – – Lange verweilst du so. Dann spürst du, es ist so weit. Das Alte ist vergangen, etwas Neues kann beginnen. Vorsichtig drückst du gegen deine Puppenhülle, bis ein kleines Loch entsteht.

Licht fällt herein. – Du zwängst dich hinaus. – Die Sonne wärmt und trocknet dich. – Du dehnst und streckst dich, breitest dich aus in deiner neuen Gestalt. –

Du bewegst die Flügel. Sie tragen dich. Du fliegst los. – Und bald kannst du dir gar nicht mehr vorstellen, jemals etwas anderes gewesen zu sein. –

Rückführung:
Schau dir alles noch einmal genau an. Dann verabschiede dich von der Vorstellung und komme wieder hier in den Raum zurück.

 # *Gestaltung:*

- Die verschiedenen Stadien der Wandlung können am besten in Bildern ausgedrückt werden. Dabei können gegenständliche Bilder entstehen, ältere Teilnehmer können auch eingeladen werden, ihre Gefühle in abstrakten Farben auszudrücken.

- Die Leichtigkeit des Schmetterlings kann gut in freies Tanzen zu Musik umgesetzt werden (z.B. zu »Die neue Flöte« von Hufeisen).

Weitere Gestaltungsvorschläge finden sie bei einer Variante der Schmetterlingsgeschichte auf S. 139.

Variante:

- 1. Die obige Phantasiereise kann mit Kindern als aktive Beteiligungs-Phantasie angeleitet werden. Die Kinder vollziehen die Bewegungen nach, die vom Schmetterling erzählt werden. Die Reise geht in einen freien Tanz über, an den sich nochmals eine Ruhephase zum Nachklingen anschließt.

- 2. Unter dem Abschnitt »Erfahrungen mit Gott« finden Sie eine Phantasiegeschichte, die die Erfahrung des Schmetterlings in die Frage einbettet: Was war vor meinem Leben, von dem ich weiß, was kommt danach.

📖 Thema: Der Kampf mit dem Drachen

⚠ *Besonderheiten:*

Diese Phantasiereise kann in der Gestaltung aktiv umgesetzt werden. Dazu brauchen Sie einen großen freien Raum. Die Phantasiereise nimmt das Motiv des Drachenkampfes auf. Der Drachen ist oft ein Bild für die archaische Ernergie in uns, die es zu besiegen, besser aber in die Persönlichkeit zu integrieren gilt. Ich nehme zwei Grundbilder des Drachenkampfes auf und ein altes Märchenmotiv vom Drachen, der tanzen muss. In Varianten geeignet für alle Altersgruppen!

✝ *Vorbereitende Körperarbeit:*

Die Körperarbeit bereitet die Imagination vor.
Stellen Sie sich so hin, dass die Füße in Schulterbreite parallel stehen.
Beim Ausatmen wird ein Fuß geradeaus nach vorne gestellt, danach beim Einatmen wieder zurückgezogen. Der hintere Fuß geht beim Nachvornestellen mit der Spitze 45 Grad nach außen. Die Übung erfolgt abwechselnd links, rechts, links ...
Das Gewicht wird beim Nachvornegehen über die Mitte nach vorne verlagert, dabei drücken beide Hände imaginär nach vorne, so als ob etwas wegzudrängen sei.
Mit etwas Übung entsteht so ein fließender Rhythmus.
Es kann mit zunehmender Intensität beim Nachvornegehen auch ein lautes »Hwauo« hinzukommen.

☺ *Anleitung:*

Hinführung:
Legen sie sich nach der Körperübung hin und spüren sie der Bewegung nach. Ich lade sie nun zu einem klassischen Drachenkampf in einer Phantasiereise ein.

Die Übung hat drei Regeln:
Sie können den Drachen besiegen, dann zieht er sich in die Höhle zurück.
Der Drache wird nicht getötet.
Sie halten dem Drachen stand, dann sind sie beide gleich stark und sie verneigen sich vor dem Drachen.
Der Drache ist zu stark, sie ziehen sich zurück und schützen sich. Der Drache folgt ihnen nicht.

Nun beginnt die Phantasiereise.
Stellen sie sich eine Landschaft vor, die sie alleine durchwandern. –
In der Ferne sehen sie eine Höhle, dort wohnt der Drachen. –
Nicht weit vor ihnen steht ein hoher Baum. Vor dem Baum steht ein Schild und in dem Baum liegt ein altes Schwert. Das Schwert hat einen Namen, vielleicht wissen sie den Namen. – Nehmen sie Schwert und Schild an sich. – Üben sie, mit den Waffen umzugehen. – –
Gehen sie weiter. – Der Drache steht auf einer Wiese und wartet auf sie. – Sie verneigen sich beide voreinander. –
Gleich beginnt der Kampf. – – Wenn der Kampf in ihrer Phantasiereise zu Ende ist, legen sie eine Hand auf ihren Bauch (oder im Sitzen auf das Knie). Niemand wird bei dem Kampf getötet. –
Sie messen nur ihre Kräfte mit dem Drachen. – –
Der Kampf beginnt. – (Manchmal frage ich unterwegs nach. Zumeist dauert der Kampf 1 bis 5 Minuten. Dauert er länger, bitte ich abzubrechen. Jeder kann mich zu sich winken, ich helfe dann in der Imagination weiter.)
Nun ist der Kampf zu Ende. Verneigen sie sich vor dem Drachen und danken ihm für den Kampf, egal wie er ausgegangen ist. – –
Nehmen sie sich nun wahr. Seien sie ganz bei sich und merken sie sich die Augenblicke, die ihnen wichtig waren. –

Rückführung:
Steigen sie nun ganz aus dem Geschehen aus. Sie sind wieder hier. Spüren sie sich in ihrer Haltung und bewegen sie sich. Strecken und recken sie sich, gähnen sie und atmen sie tief durch.

*G*estaltung:

1. Vorschlag:
Die Erfahrung kann sowohl als Bild (Acrylfarben) oder mit Ton gestaltet werden.

2. Vorschlag:
Die Phantasiereise wird in Begegung umgesetzt. Jeder erhält einen (Bambus-)Stock und sucht sich einen Platz im Raum. Mit langsamen Bewegungen kann der Drachenkampf noch einmal und doch ganz neu durchgefochten werden. Wenn der Raum groß genug ist, kann dies mit geschlossenen Augen geschehen.
Anschließend kann (!) mit Farben (freies Gestalten) die Erfahrung ausgedrückt werden.

Ein Gespräch und Zeit für jeden sind unbedingt notwendig.

 # *V*ariante:

Hinführung:
Stell dir vor, du wanderst durch die Lande und du siehst in der Ferne einen Drachen. – Du machst dich auf den Weg zu dem Drachen. –
Unterwegs kommst du durch einen Wald. Mitten im Wald sitzt eine freundliche alte Frau. Sie gibt dir zu essen und zu trinken. Dann schenkt sie dir eine silberne Flöte und sagt: Spiele auf der Flöte, wenn du dem Drachen gegenüberstehst. Er wird tanzen.« –
Du bedankst dich und ziehst weiter. Am Ende des Waldes, auf einer großen Wiese wartet der Drachen auf dich. –
Du nimmst deine Flöte und spielst. Der Drachen beginnt zu tanzen, erst unbeholfen, dann immer mehr. –
Der Drachen tanzt und tanzt und wird dabei immer kleiner. –
Du spielst weiter, bis der Drache ganz klein ist. Der kleine Drachen hat schon keine Puste und keine Kraft mehr. –
Du spielst weiter, da fällt der ganz kleine Drachen kraftlos um. –

Jetzt kannst du die Flöte absetzen und tief durchatmen. – –
Überlege dir, was du mit dem Drachen machst. Der Drachen soll sicher
verwahrt werden. –
Nun beende deine Reise und verabschiede dich aus dem Drachenland. –

Rückführung:
Du bist jetzt aus dem Drachenland zurück. Sei ganz hier. Leider hast du
deine Flöte auch zurückgelassen; du merkst, die Reise ist zu Ende. Aber
vielleicht hast du die Flötenmelodie noch im Kopf. Vergiss sie nicht.
Bewege dich nun und öffne die Augen.

Zur *Gestaltung* ist der 1. Vorschlag geeignet.

📖 Thema: Ein neuer Himmel und eine neue Erde – Die neue Stadt

▲ *Besonderheiten:*

Diese Imagination nimmt einen Satz aus der Offenbarung (21,1) auf. Diese Vision
regt mich an, nach allen Zerstörungen, die nicht nur in den Nachrichten tagtäglich
zu erleben sind, den Neubeginn, den Neuanfang zu wagen. Nicht das Zerstörte ist
sinnlos, sondern Nicht-wieder-Beginnen ist Sinn-los. Darüber hinaus vertraut diese
Vision darauf, dass nicht alles neu gemacht werden muss, sondern dass es aus und mit
dem Urgrund des Lebens neu erwächst.

✝ *Vorbereitende Körperarbeit:*

Eine Körperhaltung entdecken, probieren und einnehmen, die offen ist und Neues
ausdrückt.

☺ *Anleitung:*

Hinführung:

Vielleicht ist unser Ziel heute etwas ungewöhnlich. Ich lade euch nämlich zu einer Phantasiereise in ein zerstörtes Land ein. Habt keine Angst, es wird nicht noch weiter zerstört. Ihr sollt und könnt den Neuanfang in diesem Land mitgestalten.

Stellt euch nun eine karge, arme Landschaft vor. Ihr seht ein zusammengefallenes Haus, einen kaputten Bauernhof. Auch die Weidezäune sind umgefallen und die Bäume haben gebrannt. – –

Die Landschaft ist eher dunkel, sie sieht aus, als ob ewige Dämmerung existiert. – Schau einmal, ob du Menschen und Tiere entdecken kannst? – Vielleicht hast du bereits welche entdeckt; wenn nicht, stell dir vor, dass wieder Menschen zu dem Haus kommen. Sie haben auch einige Tiere mitgebracht. – Langsam wird es Abend. – Ein Feuer wird entzündet. Die Menschen kochen und essen schweigend. –

Die Nacht umschließt Himmel und Erde. – –

Ein neuer Morgen beginnt. Die Sonne kommt hervor. Betrachte den Sonnenaufgang. Die Landschaft wird hell und in Farbe getaucht. Auch der Himmel erscheint neu und hell. – –

Die Erde beginnt zu leuchten. –

Die Menschen kommen hervor und räumen auf. Sie beginnen, das Haus und den Hof aufzubauen. Die Tiere suchen sich eine Weide. –

Der angebrannte Baum schlägt aus. Er bildet Knospen und Blätter. – Stell dir vor, dass der Baum wieder blühen kann. – –

Langsam beginnt etwas Neues zu werden. –

Rückführung:

Behalte das Bild des Neuen in deiner Erinnerung. Jetzt schließe die Übung für dich ab und komm wieder hierher in den Raum zurück. Dehne und räkele dich, bis du wieder ganz hier bist.

Gestaltung:

1. Vorschlag:

Mit diesem Vorschlag können die Teilnehmenden aktiv aus einer scheinbar sinnlosen Vorgabe (vier Linien) eine kreative Neugestaltung entwickeln:

○ *Vor dir liegt ein größeres Blatt und verschiedene Pastellkreiden. Nimm dir vier Pastellkreiden heraus. Dann schließe die Augen. Nimm eine Kreide und zeichne einen Strich, dann lege die Kreide zur Seite.*
Nimm die zweite Kreide und male einen Bogen.
Nimm die dritte Kreide und male eine Zick-Zack-Linie.
Nimm die vierte Kreide und male einen großen Kreis.
Öffne nun die Augen und gestalte aus diesen Linien ein neues Bild.
(Wenn ihnen 4 Kreidestriche zu viel sind, dann reduzieren sie dies in der Anleitung auf 2 Linien, ich gebe dann die Himmelslinie und die Erdlinie vor.)

2. Vorschlag:

Dieser Vorschlag ist für die Einzel- und die Kleingruppenarbeit mit Kindern geeignet. Auf den Boden schütte ich einen Baukasten mit Menschen- und Tierfiguren und vielen Bausteinen aus. Dieses »Chaos« wird nun langsam aufgebaut. Dazu erfolgt eine Einladung: *Ihr habt die Geschichte gehört, wollt ihr nun eine neue Stadt und neues Leben mitgestalten?*

Körperbezogene Phantasiereisen

📖 Thema: Du stellst meine Füße auf weiten Raum

⚠ *Besonderheiten:*

Den eigenen Raum wahrnehmen, die eigenen Füße aufstellen, sich Raum nehmen können (vgl. Psalm 31,9).

Vorbereitende Körperarbeit:
Fußmassage, jede/r massiert nacheinander sanft erst ihren/seinen einen dann den anderen Fuß, sodass die Füße ganz bewusst werden.

☺ *Anleitung:*

Hinführung:
Stellt euch gut auf eure Füße und spürt den Kontakt zum Boden. –
(Wenn ihr mögt, schließt nun die Augen oder lasst sie auf einer Stelle vor euren Füßen ruhen.)
Stellt euch nun eine Landschaft vor, in der für euch viel Platz ist.
Es kann in einem Gebirge, in der Wüste, am Meer oder an einem ganz anderen Ort sein. –
Die Landschaft ist weit und großzügig, ihr habt Platz zum Durchatmen. –
Schaut euch in der Landschaft um. – –

Sucht in der Landschaft einen Ort, der euch gefällt und stellt euch dort hin. –
Spürt den Boden, auf dem ihr steht und den Raum, der euch umgibt. –
Wenn ihr mögt, dreht euch in eurer Vorstellung einmal um euch selbst. –
Vielleicht möchtet ihr die Arme ausbreiten und euch ganz weit machen. –
Nehmt die Weite der Landschaft in euch auf. –

Rückführung:
Schließt die Vorstellung ab und kommt langsam wieder in diesen Raum zurück. Bewegt euch wieder und geht ein paar Schritte. Spürt dabei bewusst den Boden. Räkelt und dehnt euch ein wenig.

 ## Gestaltung:

- Es bietet sich an, die weite Landschaft zu malen.

- Das Gefühl für den eigenen Standpunkt kann auch über die Bewusstheit der Füße vertieft werden. Die Teilnehmenden werden eingeladen, noch eine Zeit lang ganz bewusst zu stehen. Danach erhält jeder einen Klumpen weichen Ton. Mit geschlossenen Augen gestalten die TeilnehmerInnen ihre eigenen Füße bzw. den Fuß, der ihnen besonders präsent ist. Nachher kann der gestaltete Fuß mit der eigenen Empfindung in Beziehung gesetzt werden.

Variante:

Die Phantasiereise kann auch noch körperbezogener ausgestaltet werden. Sie hilft dann zur eigenen Körperwahrnehmung.

Hinführung:

Stell dich gut hin. Spüre den Boden unter dir und richte dich auf.
Bewege dich ein wenig nach vorne und nach hinten. Die Knie sind locker.
Gehe deine Füße bewusst durch. Spüre die Ferse, deine Sohle und so gut
es möglich ist, jeden einzelnen Zeh. Die Füße geben dir einen guten Halt
auf dem Boden.
(Wenn du magst, schließ deine Augen, sonst lass sie auf einer Stelle vor
deinen Füßen ruhen.) – Stelle dir vor, du stehst mit deinen Füßen wie ein
Riese in einer weiten großen Landschaft. –
Schau dich um und sieh die Landschaft, in der du dich bewegst. –
Deine Füße zertreten nichts. Sie spüren den Grund, auf dem du stehst. –
Dreh dich langsam um dich selbst und schau, wie sich die Landschaft
verändert. –
Vielleicht magst du dich ein wenig breitbeiniger hinstellen, um noch mehr
Raum zu haben. –
Jetzt breite auch noch die Arme aus und werde so weit wie die Landschaft
um dich herum. – –
Bleib noch ein wenig so stehen, wie es dir am besten gefällt. –

Rückführung:

Jetzt spüre deine Füße wieder hier im Raum. Du bist wieder hier. Gehe
ein paar Schritte durch den Raum. Öffne die Augen wieder, falls sie
geschlossen waren. Behalte deine Bewusstheit für deine Füße.

Thema:
Der Leib und die Glieder sind eins

Besonderheiten:

Diese Phantasiereise will die Einheit des Leibes, also die Einheit von Leib, Seele und Geist bewusst machen. Vergleiche dazu auch 1 Korinther 12.

Vorbereitende Körperarbeit:

Es sinnvoll, dass diese Übung im Liegen geschieht. Die Phantasiereise verbindet sich mit der Körperarbeit. Die Übung wirkt einfach und ist doch intensiv. Die Zeitdauer reicht von 5 Minuten bis zu über dreißig Minuten, je nach Vorerfahrung und Alter. Diese Übung kann man auch gut für sich alleine machen.

Anleitung:

Hinführung:
Nimm dich in deiner ganzen Gestalt wahr, so wie du jetzt am Boden liegst. Vielleicht hilft es, wenn du dir vorstellst, dass der Boden weich und nachgiebig ist und doch so fest, dass er dich trägt. Nimm dir Zeit, dich gut in deinen Köper einzuspüren. –

Nun lade ich dich ein, dir deinen Leib, deinen Körper, und seine Glieder innerlich vorzustellen, so gut es jetzt möglich ist.

Stelle dir zuerst deinen Kopf vor, mit deinen Augen, der Nase, dem Mund, den Ohren. –

Stelle dir jetzt deinen Rücken vor, von den Schultern bis zum Po. –

Mache dir ein Bild von deinem Brustkorb und deinem Bauch. –

Nun beziehst du noch das Becken in deine Vorstellung ein. –

Stelle dir jetzt deinen Brustkorb, deinen Bauch, dein Becken, deinen Rücken als eine Einheit vor. –

Verbinde diese Teile des Leibes mit deinem Kopf. – –

Wenn du dieses Bild von dir ungefähr erfassen kannst, dann wende dich den Armen zu. Stelle dir deinen linken Arm –, deine linke Hand, – und alle deine Finger vor. –

Nun wendest du dich zu dem anderen Arm hin. Stelle dir auch dort deinen rechten Arm –, deine Hand und deine einzelnen Finger vor. –

Verbinde die beiden Arme mit dem Leib, sodass du wieder ein Bild der Einheit hast. – –

Wähle dir nun ein Bein aus und stelle dir das Bein vor, Oberschenkel und Unterschenkel, mit dem Knie, der Ferse und dem Fuß. Vergiss hier nicht die Sohle und die einzelnen Zehen. –

Das andere Bein folgt genauso: Stelle dir wieder das ganze Bein vor, mit dem Knie, der Ferse und dem Fuß. Beziehe auch hier die Sohle und die einzelnen Zehen ein.

Ergänze dein Bild vom Leib um deine beiden Beine und Füße. – –

Versuche nun noch einmal, dein ganzes Körperbild vor Augen zu haben. Nimm es als dein jetziges Körperbild wahr. Es entspricht manchmal nicht deiner sonstigen Wahrnehmung, vielleicht ist dein imaginiertes Körperbild sogar heiler, als du es sonst empfindest. –

Rückführung:
Bewahre dein Körperbild in deinem Gedächtnis, so gut es geht. Beende die Übung jetzt und bewege dich sanft.

 # Gestaltung:

1. Vorschlag:
Die Ausgestaltung ist bei dieser Übung wichtig. Mit Bleistift oder Buntstiften lade ich die Menschen nun ein, ihr gesehenes Bild zu Papier zu bringen. Dabei sollen sich

die Menschen von innen her führen lassen und nicht von ihren Anatomiekentnissen. Es geht nicht (!!) um die äußere Realität des Leibes, sondern um unser inneres Körperbild (auf diesem inneren Körperbild baut zum Beispiel die Eutonie auf). Bei der Aussprache über die gemachten Erfahrungen und die gemalten Bilder ist es wichtig zu beachten, dass das Körperbild oft gegen die äußere Wirklichkeit steht. Gerade auch in irgendeiner Form behinderte Menschen besitzen ein wertvolles heiles Bild von ihrem Leib, das sehr heilsam sein kann, wenn es als Grundlage und Potential ernst genommen wird.

2. Vorschlag:
Intensiver aber ist die Arbeit mit Ton. Jede/r nimmt mit geschlossenen Augen seinen weichen Tonklumpen und knetet ihn durch. Danach wird mit geschlossenen Augen der eigene Körper modelliert. Haben Sie wirklich die Geduld und den Mut, sich auf den Prozess mit den geschlossenen Augen einzulassen. Danach folgt eine Phase der eigenen Betrachtung der Figur, erst danach ist Raum für Mitteilungen.

*V*ariante:

In spielerischer Form gibt es eine andere und doch ähnliche Übung mit dem Titel: »Meine Gestalt im Licht sehen« (s. S. 127).

Thema: Mein Atem – dein Atem

*B*esonderheiten:

Die Übung ist intensiv und gleichzeitig einfach und schlicht. Für die Übung ist es sinnvoll zu wissen, dass Atem im Hebräischen (ruach) und im Griechischen (pneuma) nicht nur Atem, sondern Kraft, Geist, Hauch und Wind bedeutet. Außerdem ist Atem in dieser Tradition weiblich.

✝ *Vorbereitende Körperarbeit:*

Diese Übung kann gut im Liegen geschehen. Im Sitzen ist es notwendig, dass der ganze Bauch- und Beckenbereich frei ist.
Eine schöne kleine Vor-Übung ist im Sitzen und Liegen das Atemräume-Weiten:
Die Arme hängen oder liegen neben dem Körper. Von dort bewegen sie sich über den Kopf bis beide Handflächen sich berühren. Dann werden die Handflächen – immer noch sich berührend – über die Mitte der Vorderseite zum Becken gezogen und gehen dort auseinander und sind wieder neben dem Körper. Dies kann langsam 1- bis 2-mal wiederholt werden.

☺ *Anleitung:*

Die *Hinführung* geschieht durch und mit der kleinen Körperübung.
Achten sie eine Weile auf ihren Atem. Versuchen sie ihren Atem wahrzu-nehmen, ohne ihn zu verändern. (Dies ist schwierig und bedarf der Geduld, die auch Kinder durchaus haben.)

1. Schritt:
Stellen sie sich nun vor, der Ein-Atem ist silbrig. Er durchströmt sie bis ins Becken. Jeder Atemzug ist kostbar. –
Wiederholen sie die Vorstellung bei jedem Atemzug neu. Verweilen sie eine Zeit lang bei dieser Übung. – –

2. Schritt:
Der Ein-Atem fließt weiter in sie. Auch der Aus-Atem ist silbrig und umgibt sie wie ein silberner Regen, wie eine Silberdusche. –

3. Schritt (kann sich auch als spätere Erweiterung an die Übung anschließen):
Stellen sie sich vor, dass ihr Aus-Atem von dem silbernen Ein-Atem erfüllt ist und senden sie diesen Aus-Atem einer Person, die sie lieben bzw. die ihnen wichtig ist.

Gestaltung:

1. Vorschlag:
Diese Übung kann gut mit Pastellfarben umgesetzt werden. Bei einigen Kreiden – auch bei Jaxon – gibt es in den Großpackungen den Silberton. Im Großhandel kann er auch einzeln dazu gekauft werden. Als Anleitung zum Ausdruck der inneren Erfahrung kann Folgendes gesagt werden:

○ *Welche Erfahrung, welches Bild hat dich berührt oder ist dir wichtig geworden? Versuche es großzügig zu gestalten. Lass dich von deiner Intuition führen und bedenke das Bild, das entsteht, nicht. Das innere Bild darf sich beim Gestalten ändern, der Prozess geht weiter.*

Kinder und andere, die es mögen, können sich auch gerne als Gestalt malen und den Atem mit kleinen silbernen Blättchen aufkleben. Diese Blättchen gibt es in Tüten und besonders zur Dekoration (in der Weihnachtszeit).

Hinweis:
Es kann geschehen, dass ein Mensch den silbernen Atemhauch auch einer/m Verstorbenen schickt und dies ihn/sie tief bewegt. Oft braucht – nach einer Zeit – diese Erfahrung Ausdruck. Lassen Sie dieses bewegende und intime innere Geschehen malen, aufschreiben oder als Brief gestalten.

2. Vorschlag:
Sollten (zu) viele Emotionen auftauchen, dann hilft die Arbeit mit geschlossenen Augen und mit Ton:

Ich gebe ihnen Ton.
Spüren sie ihn in der Hand.
Lassen sie daraus erwachsen, was sie und sich bewegt.

3. Vorschlag:
Stellen Sie vor der Anleitung – eventuell aus dem Orff'schen Instrumentarium – Xylophone, Viprahone und ähnliche Klanginstrumente auf.
Jede/r kann nun erst einmal für sich im Anschlagen, in der Tonfolge und in der Lautstärke sich ausdrücken. Lassen sie den silbernen Klang suchen.
Manchmal ist auch ein gemeinsamer Klangteppich nach dem eigenen Ausdruck möglich. Die Übung schließt mit einem Rundgespräch.

Hinweis:
Diese Übung kann eine tiefe spirituelle Dimension haben. Manche Menschen kommen mit dem »Atemhauch Gottes« in Berührung und sind sehr bewegt oder auch erschrocken. Bitte beschwichtigen oder bagatellisieren Sie diese Erfahrungen nicht, lassen Sie diese als wertvoll gelten (vergleiche Genesis 1 und 2).

 # Thema: Meine Gestalt im Licht sehen

 ## Besonderheiten:

Diese Übung hilft, das Äußere des Leibes gewahr zu werden. In der Vorstellung wird der Leib mit hellem Licht angemalt. Dazu gehen Sie die einzelnen Partien des Leibes mit einem breiten »Lichtpinsel« entlang. Je differenzierter die Anleitung ist, desto länger dauert die Übung und umso intensiver wird sie.

 ## Vorbereitende Körperarbeit:

Auch hier ist wieder die Ausgangsposition im Liegen. Ich lade die Anwesenden ein, sich selbst auf dem Boden liegend wahrzunehmen.

☺ *Anleitung:*

Hinführung (über das Ablegen auf den Boden):
Ich lade euch zu einer besonderen Phantasiereise ein. Stellt euch einen Pinsel vor, der euren Leib mit einem hellen Licht anmalt. Nur ihr könnt das Licht sehen. Und wenn ihr jetzt malt, geht sorgsam euren Körper entlang, damit keine Stelle dunkel bleibt.
Beginnt bei einem Fuß und malt zuerst den Fuß und die Zehen an, dann folgt das ganze Bein – vergesst auch das Knie nicht. Bevor ihr den Po einbeziecht, geht erst zur anderen Seite. –
Malt dort den Fuß und das Bein, bis es ganz licht ist. – –
Nun folgt der ganze Po und der Rücken. –
Geht nun wieder zurück zum Becken und malt den Bauch und die Brust Pinselstrich für Pinselstrich.
Dann beginnt auf einer Seite mit den Fingern, der Hand und es folgt der Arm bis zur Schulter. –
Auf der anderen Seite fangt ihr auch bei den Fingern an und malt bis zur Schulter. –
Sorgt dafür das ihr nun Arme und Schultern und Rücken Strich für Strich entlanggegangen seid. –
Nun malt ihr rund um den Hals. –
Und schließlich geht ihr vorsichtig den Kopf entlang. Über die Lippen und die Nase, über die Augen und die Ohren und ganz zum Schluss auch über die Haare. – –
Nun seid ihr euren ganzen Körper entlanggegangen. Stellt euch euren ganzen Leib/Körper nun einmal vor. – Spürt ihr euch selbst? – Könnt ihr euch eingehüllt in Licht sehen? – Vielleicht möchtet ihr, dass das Licht eine bestimmte Farbe hat. Dann kann dies jetzt geschehen. – –
Die Phantasiereise geht zu Ende, aber vielleicht könnt ihr ein Bild von euch mitnehmen, von vorne, von hinten, von der Seite. Macht euch innere Fotos. Ihr wisst dann: So bin ich.

Rückführung:
Nehmt die Fotos mit. Und streckt euch ein wenig. Aber auch wenn die Reise zu Ende ist, bewahrt mir die Fotos gut.

 ## Gestaltung:

- Es kann ein Bild von sich gemalt und mit einer »leuchtenden« Kreide ausgemalt werden.

Eine Alternative:

- Die Teilnehmer können sich gegenseitig ihren Körperumriss aufmalen und diesen dann mit leuchtender Farbe gestalten.

 ## Variante:

Siehe »Der Leib und die Glieder sind eins« (S. 122).

📖 Thema: Licht im Herzen tragen

▲ Besonderheiten:

Hier verbindet sich die Imagination mit einer meditativen Übung. Dabei wird aus einem äußeren Bild ein inneres. Lassen Sie für die einzelnen Wahrnehmungen genügend Zeit.
Sie brauchen in der Mitte des Raumes eine für alle Anwesenden gut sichtbare große Kerze.

✝ *Vorbereitende Körperarbeit:*

Die Übung findet sitzend statt; setzen sie sich so, dass sie gut die Kerze sehen können. Achten sie jetzt auf ihren Atem. Lassen sie ihren Atem geschehen, nehmen sie ihn wahr ohne ihn zu beeinflussen.

☺ *Anleitung:*

Hinführung:
Diese Übung beginnt mit offenen Augen. Schauen sie (auf) die Kerze, die vor ihnen steht. –
Schauen sie, das heißt betrachten sie die Kerze ohne jede Anstrengung und Empfindung. Nehmen sie das Licht der Kerze auf. – –
Bedenken sie das Licht nicht. Lassen sie das Licht nur da sein. –
Nun schließen sie die Augen und stellen sich das Licht innerlich vor. – –
Wenn sie möchten, können sie sich das Licht nun in ihrem Herzraum vorstellen. Damit meine ich den Raum, der hinter dem Brustbein liegt. Lassen sie das Licht dort scheinen. –
Das Licht kann wachsen und sich in ihnen ausbreiten. – –
Schauen sie noch einmal, wie weit sich das Licht ausgebreitet hat. –
Schließen sie nun langsam die Übung ab.

Rückführung:
Verabschieden sie sich von dem Licht. – Nehmen sie sich wahr und öffnen sie die Augen. Bewegen sie sich wieder durch Strecken und Recken.

Gestaltung:

Verweilen sie noch ein wenig bei dem Licht, indem sie ein Bild malen, wie das Licht sich in ihnen ausbreitet oder gestalten sie ein anderes Bild, das ihnen wichtig wurde. Eine Austauschrunde sollte sich anschließen.

Thema:
Von allen Seiten umgibst du mich

△ *Besonderheiten:*

Die Übung nimmt ein altes Psalmwort (Psalm 139) auf und lädt zur ersten Erfahrung damit ein. Die hier beschriebene Form stellt eine offene (Körper-)Erfahrung in den Vordergrund, die Variante führt zum Segen hin. Die Vorerfahrung ist sinnvoll, da sie genug Abstand wahrt, um zuerst einmal die Erlebnisse annehmen zu können. Beide Übungen können aufeinander aufbauen.

✝ *Vorbereitende Körperarbeit:*

Die Eutonie-Grundübung (s. S. 48) oder eine ähnliche Übung, die gleichzeitig erdet und die Wahrnehmung weckt, gehört zur Übung dazu.

☺ *Anleitung:*

Hinführung:
(Beenden Sie die Körperübung und leiten Sie wie folgt über:)
Spürt zum Abschluss noch einmal euren ganzen Körper.
Ich möchte euch jetzt anleiten, die konkrete Körperwahrnehmung um eine Vorstellung zu erweitern. –
Stell dir vor, ein Gefühl von Wärme und Liebe berührt deinen Rücken und bleibt da. –
Stell dir weiter vor, das Gefühl breitet sich aus und umhüllt deinen rechten Arm – und dann genauso deinen linken Arm. –
Dann bedeckt es sanft Brust und Bauch, dein ganzer Oberkörper ist jetzt eingehüllt. –

Das Gefühl dehnt sich weiter aus und umhüllt jetzt dein rechtes Bein – und geht dann weiter und umhüllt auch dein linkes Bein.
Unter- und Oberkörper sind jetzt umgeben von einem Gefühl von Wärme und Liebe. – –
Zuletzt hüllt es deinen Kopf ein, so weit du magst. – –
Spür dem Gefühl noch ein wenig nach. Kannst du dich so eingehüllt fühlen? –
Nun löse dich langsam von der Vorstellung. Es kann sein, dass das Gefühl trotzdem bleibt.

Rückführung:
Öffne langsam die Augen, nimm den Raum um dich wahr. Bewege dich ein wenig. – Dann dehne dich ein wenig kräftiger und komme wieder ganz hier an.

 ## Gestaltung:

Lassen Sie die Übung in Stille ausklingen. Bieten Sie verschiedene Möglichkeiten an zu malen oder zu schreiben.

 ## Variante:

Die folgende Variante greift die Zusage des Textes wesentlich direkter auf. Es ist die Einladung, die Umhüllung als Segen zu erfahren:
Nach einer kurzen Anleitung, sich im Stehen/Sitzen/Liegen zu spüren, leiten Sie zur Vorstellung des Segens über:

132

Gottes Segen umgibt uns, auch wenn wir ihn oft nicht wahrnehmen. Ich möchte euch heute einladen, den Segen nicht nur zu hören, sondern ihn sich aktiv vorzustellen und so zu erleben.

Spüre deinen Rücken. – Stell dir vor, Gott ist hinter dir und schützt dich. –
Spüre deine Brust, deinen Bauch. – Stell dir vor, Gott ist vor dir und leitet dich. –
Spüre deine Arme und Beine von der Seite her. – Stell dir vor, Gott ist neben dir und begleitet dich. –
Spüre deine Füße. – Stell dir vor, Gott ist unter dir und trägt dich. –
Spüre deinen Kopf. – Stell dir vor, Gott ist über dir und öffnet dich. –
Spüre dein Herz. – Stell dir vor, Gott ist in dir und schenkt dir ein neues lebendiges Herz. –
Spüre dich ganz. – Von allen Seiten umgibt dich Gott mit seinem Segen. – –

Rückführung:
Verweilt noch einen Moment in der Wahrnehmung. Dann gebt euren Nachbarn die Hände und fühlt eure Verbundenheit. – Nun löst die Hände wieder und öffnet die Augen. Bewahrt den Segen.

 ## *Gestaltung:*

Als Gestaltung, Ausdruck könnte das Lied: »Von allen Seiten umgibst du mich und hältst deine Hand über mir« folgen.

Von al-len Sei – ten um-gibst du mich und hältst dei-ne Hand ü-ber mir; von al-len Sei – ten umgibst du mich und hältst dei – ne Hand ü – ber mir.

M: Ernst Richter. Rechte beim Autor

Erfahrungen mit Gott

📖 Thema: Gott ist in der Stille

⚠ *Besonderheiten:*

Dieser Text nimmt Erfahrungen des Propheten Elia auf (1 Könige 19,11-13). Elias Gotteserfahrung mit dem Gott, der in der Stille ist, steht seinen bisherigen Lebenserfahrungen gegenüber. Diese ganz neue Gotteserfahrung des Elia hilft vielen Menschen, einen anderen Zugang zu Gott zu bekommen. Obwohl die ersten drei Bilder der Imagination als bedrohlich erlebt werden können, habe ich immer wieder erfahren, dass das Bild des stillen, sanften Atemhauchs, des Sausens, die vorherigen Erfahrungen aufhebt bzw. integriert.

✝ *Vorbereitende Körperarbeit:*

In der Stille sich ablegen und den eigenen Leib spüren, dem Atem folgen.

☺ *Anleitung:*

Hinführung:
Mit der heutigen Phantasiereise möchte ich euch an einer Erfahrung teilhaben lassen, die Elia (oder: ein Mensch) vor langer Zeit hatte.
Stellt euch vor, ihr seht von einem Berg hinab in ein Tal, in dem keine Menschen und keine Tiere wohnen. Ihr seid in einer sicheren Höhle. Euch kann nichts geschehen, ihr seid behütet und geschützt. –

Ihr seht in das Tal und wartet. – Gott will euch begegnen. – Da kommt ein starker Sturm und fegt durch das Tal. – Schau hin, du bist behütet. – Der Sturm jagt durch die Talsohle. – Gott ist nicht in dem Sturm. – Der Sturm lässt nach und ist zu Ende.–

Ihr seht in das Tal und wartet. – Gott will euch begegnen. – Da kommt ein mächtiges Erdbeben und erschüttert das ganze Tal. – Schau hin, du bist behütet. – Gott ist nicht in dem Erdbeben. – Das Beben lässt nach und hört auf. –

Ihr seht in das Tal und wartet. – Gott will euch begegnen. – Da kommt eine Feuerwalze und wälzt sich durch das Tal. – Schau hin, du bist behütet. – Das Feuer jagt durch die Talsohle. – Gott ist nicht in dem Feuer. – Das Feuer verschwindet und erlischt. –

Ihr seht in das Tal und wartet. – Gott will euch begegnen. – Da kommt ein sanftes Sausen, wie ein Atemhauch und erfüllt das Tal. – Du bist behütet. – Das sanfte Säuseln, der Atemhauch durchdringt das ganze Tal. – Gott ist in dem Atemhauch. – –

Lasst eure Erfahrungen noch ein wenig nachklingen. (*Rückführung*)

 ## Gestaltung:

° *Malen sie – ohne große Überlegungen – ein Bild, das ihre Erfahrung des stillen sanften Sausens aufnimmt … – Wenn jemand ein anders Bild mehr bewegt, kann er/sie es natürlich auch gestalten.*

Thema: Über das Vorher, das Nachher und das Jetzt – Schmetterling

▲ *Besonderheiten:*

Über das Gleichnis des Schmetterlings wird die Frage aufgenommen, was vor dem Leben und nach dem Leben ist. Die Form der Geschichte erlaubt es, Antwortversuche mit einzubringen.

♀ *Vorbereitende Körperarbeit:*

Siehe im entsprechenden Kapitel die Übung zur passiven Muskelentspannung (S. 51).

☺ *Anleitung:*

Hinführung:
Ich lade dich heute zu einer Geschichte ein, die vom Leben eines Schmetterlings erzählt. Setze oder lege dich bequem hin, damit du die Geschichte verfolgen kannst. Hör nur zu, was der Schmetterling erlebt. – Du kannst dir die Bilder ausmalen oder ausdenken oder sie entstehen ganz einfach in dir.
Und so fängt es an:
»Wie lang ist das Leben und was kommt danach«, fragte der Schmetterling Gott. »Was war davor? Warum weiß ich nichts davon?« –
Viele, schwere Fragen an einem schönen Frühlingstag. Fragen an Gott und es gab doch keine Antwort. Oder? Träumte der Schmetterling? Etwas oder jemand ließ ihn spüren, dass er nicht alleine war: »Du kannst dein ganzes Leben noch einmal erleben.

Fliege ganz hoch, so hoch wie du kannst, und du wirst Augen haben, die alles sehen: Ohren, die alles hören und eine Seele, die alles fühlt.« – Und der Schmetterling flog und flog. Er strengte sich an, höher und höher. Er gab seine ganze Kraft hin. – –

Als er nicht mehr konnte, gab er auf und ließ sich fallen. – Aber er fiel nicht, er wurde gehalten, unsichtbar getragen. Er schwebte. Er spürte Licht um sich herum, hörte unbekannte Töne und sah plötzlich ein Bild vor sich. Es platzte auf, wie eine Seifenblase. –

Er sah einen Schmetterling, der an einen Busch flog, seine Eier ablegte und verschwand. Die Sonne kam, der Regen fiel und aus einem Ei schlüpfte eine Raupe, ganz klein und fast unsichtbar. – Der Schmetterling spürte plötzlich in seiner Seele: Das bin ich. – Ich bin dieser kleine Wurm. – Er staunte. –

Die kleine Raupe kletterte los, fraß von den Blättern, versteckte sich vor den Vögeln und Insekten. Sie lebte gut. Kein Tag war wie der andere. Manchmal hatte sie Angst, gefressen zu werden, und versteckte sich. Mal sonnte sie sich übermütig. Sorgen kannte sie nicht und wuchs prächtig. Sie wurde dicker, träger und langsamer. »Was soll aus der wohl werden«, fragte sich der Schmetterling, »und ... wie bin ich so schön geworden?« Die Raupe suchte sich einen schönen versteckten Platz. Sie streckte sich, hing an der Unterseite eines kleinen Zweiges und spann sich ein. Langsam aber sicher war nicht mehr viel von ihr zu sehen. –

»Stirbt die Raupe etwa?« sorgte sich der Schmetterling. »Ja«, hörte er die Antwort, »sie stirbt und erwacht zu neuem Leben. Sie wechselt ihre äußere Hülle. Das Alte vergeht und das Neue wächst heran. Schau!« – – Und er sah hinein in die Hülle, die Puppe. Die Raupe war nicht mehr da, er erschrak. – Feine Gliedmaßen entstanden, alles verwandelte sich. Ein Bild löste das andere ab. – Der Schmetterling staunte. – Beinah hätte er übersehen, wie die Puppe sich unten öffnete. Ein kleines Loch entstand. Eine neue Gestalt kletterte, nein schob sich langsam heraus und saß im Licht. – –

Die Sonne wärmte sie und sie atmete tief ein. Das neue Leben hatte begonnen. Die Gestalt breitete die zarten Flügel aus und erhob sich in die Luft. –

»Das bin doch ich,« dachte der Schmetterling. »Ich fliege dort.« Er sah noch einmal sein Leben bis zu dem Flug, der ihn höher und höher trug.

»Ja, das bist du«, sagte Gott. »Du weißt nun, was vorher war und was nachher kommt. Sonst sieht jeder nur seinen Lebenszeitraum, seine Erfahrung. Er spürt nicht das neue Leben und auch nicht die Ankunft im Licht. – Nur weil du dich fallen gelassen hast, weil du vertraut hast, konntest du mehr sehen.«

Rückführung:
Mit einem sanften Glieder-Dehnen zurückkommen.

 # Gestaltung:

- *1. Vorschlag:*

Male die Erfahrung großflächig mit Acrylfarben. Male das Bild, das dich besonders beeindruckt hat.

- *2. Vorschlag:*

Gestalte Raupe, Puppe und Schmetterling in Ton oder auch in einer anderen Modelier-masse, die angemalt werden kann oder farbig ist.

- *3. Vorschlag:*

Zu der Phantasiegeschichte hat ein Kindergarten einmal ganz viele bunte Schmetterlinge aus Pfeifenreinigern und Krepppapier gebastelt. In einem Ostergottesdienst für kleine und große Leute hingen sie dann an einem Strauch. Dort hatte ich die Geschichte zum Miterleben erzählt und jeder nahm einen Schmetterling mit nach Hause.

⊡ *Variante:*

Eine Variante habe ich schon benannt. Die Geschichte kann als Phantasiegeschichte im Zusammenhang eines (Kindergarten- oder Schul-)Gottesdienstes eingebracht werden. –

Eine weitere Variante kann mit einer Art Stoff-Handpuppe geschehen. Es gibt von Folkmanis (Folktails puppets), einer amerikanischen Puppenfirma, eine Raupe, die als Schmetterlingspuppe mit einem Tuch eingewickelt werden kann und die unter dem Tuch mit ein paar Handgriffen zum Schmetterling wird. Was als inneres Bild geschieht, kann nachher oder gleichzeitig (dann ist es eine Erzählung) mit der Figur (ca. 30-50 cm groß) sichtbar gemacht werden.

Diese Phantasiegeschichte kann auch als Phantasiereise erzählt werden, sodass sich der/die TeilnehmerIn in den Schmetterling hineinversetzt. Dabei liegt der Aspekt mehr auf der Erfahrung der Wandlung (s. S. 110).

▥ Thema: Himmel und Erde werden verbunden – Die Himmelsleiter

△ *Besonderheiten:*

Diese kurze Imagination nimmt die Erfahrungen Jakobs (Genesis 28,10-15) auf. Jakob war zu Hause gescheitert und auf der Flucht. Seine Zukunft war unsicher, er besaß nur noch das, was er am Leib trug. Da ereignete sich ein Traum, der eigentlich eine Gotteserfahrung war.

Wichtig: Falls Sie mit einem Stein arbeiten, erhält ihn jede/r bereits zur Körperarbeit. Sinnvoll ist es, dass jede/r sich seinen/ihren Stein aussuchen kann. Es werden für diese Übung flache größere Flusssteine gebraucht. Ich habe sie mir an der Agger und an der Sieg selbst gesammelt und dann in einem schönen Korb in die Mitte gestellt. (Bei einer Freizeit würde ich alle Altersgruppen einen großen flachen Stein – rechtzeitig vor der Übung – suchen lassen.)

✝ *Vorbereitende Körperarbeit:*

Sich ablegen und den Kopf auf einen Stein betten, den Stein als Auflage erfühlen.

☺ *Anleitung:*

Hinführung:

Lege den Stein unter deinen Kopf. Du liegst auf dem Stein wie auf einem Kopfkissen.

Lege dich so hin, als ob du einschlafen möchtest. Wenn die Bilder nicht von sich herauskommen, dann denke dir die Bilder – dies ist genauso wertvoll.

Ich lade dich nun zu einer Phantasiereise oder in diesem Falle zu einem Traum ein.

Stell dir vor, du siehst eine Leiter, die fest auf der Erde steht und die mit der Spitze in den Himmel ragt. –

Diese Leiter verbindet Himmel und Erde. – –

Wesen, die du vielleicht Engel nennst, die du aber auch gar nicht benennen brauchst, steigen auf der Leiter auf und nieder. –

Sie verbinden Himmel und Erde. –

Und du spürst, hier ist ein besonderer Ort. – –

Vielleicht spürst du, dass Gott – der Urgrund des Lebens, hier zu Hause ist. –

Vielleicht spürst du auch, dass du an diesem Ort gesegnet bist. – –

Spüre zu deinem Kopf hin. Stell dir vor – wie eine Hand über dir ist und dir Kraft und Energie schenkt. – –

Der Traum geht zu Ende. Die Leiter verschwindet. Lass nachklingen, was dir bleibt. –

Rückführung:

Nimm behutsam den Stein unter dir weg. Und strecke dich durch, spüre dich selbst und bewahre doch das Bild, was dir nahe ist.

Gestaltung:

Vielleicht magst du die Leiter, die Himmel und Erde verbindet, malen.
Ich konnte dies mit einer Gruppe einmal an richtigen Staffeleien tun. Wir nahmen uns für DIN A0-Bilder über eine Stunde Zeit. Es war eine einzigartige Vertiefung. Vielleicht lassen sich in der Schule die Fächer Kunst und Religion oder eine Jugendkunstschule und die Gemeinde für solche Erlebnisse zusammenbringen.

 # Thema: Ich bin – der Ich bin da

▲ *Besonderheiten:*

Diese Imagination zu Exodus 3 kann in mehrere Schritte eingeteilt werden (dies ist gekennzeichnet).
Sie setzt sich mit den Gottesbildern auseinander und bietet die Erfahrung des Mose mit Gott als einen geistlichen Wegweiser an. Gott kann als Gott, der begleitet und da ist, erfahren werden.
Diese Imagination ist durch die direkte persönliche Einbeziehung intensiv.

✝ *Vorbereitende Körperarbeit:*

Da sein – sich seiner Gewahrwerden durch eine Eutonieübung (siehe entsprechende Kapitel, S. 48).

☺ *Anleitung:*

Hinführung:
Ich lade dich zu einer Reise in die Wüste ein. Ist deine Lage bzw. deine Haltung hilfreich? Kannst du auf eine (längere Reise) mitkommen?

1. Teil
Stell dir vor, du wanderst (mit deiner Schafherde) durch die Wüste. Es gibt nur wenige Sträucher, aber viele Felsen und Sand.
Schau dich um. –
Du siehst – oder du stellst dir vor –, dass ein Dornbusch brennt, dass er lodert ohne zu verbrennen. – Du gehst langsam näher. – –
Du hörst eine Stimme: Ziehe deine Sandalen aus. Betritt den Boden barfuß, nichts soll dich von dem Boden trennen. Sei mit beiden Füßen auf der Erde. Diese Erde ist heilig. –
Tu dies und schaue auf den brennenden Busch, der sich nicht verzehrt. – –

2. Teil (kann ausgelassen werden)
Die Stimme fährt fort: Ich habe eine Aufgabe für dich. Sie führt dich in etwas Neues. – Höre: – ...
Du siehst auf den Dornbusch und lauschst. – –

3. Teil
Noch einmal hörst du die Stimme: Ich werde dich begleiten. –
Ich werde für dich da sein. –
Ich bin da für dich, dies ist mein Name. – Dann schweigt die Stimme. –
Versuche die Gegenwart dessen zu spüren, der da ist. – –
Vielleicht siehst du den brennenden Dornbusch noch. –
Spüre den Boden unter deinen Füssen. –
Und nimm das, was sich nie verzehrt, in deinem Herzen mit. –

Gehe langsam von der Stelle weg. Ziehe dich zurück. –
Bewahre das Bild des Dornbusches in dir (und vielleicht hast du deine Aufgabe erkannt oder etwas von ihr wahrgenommen).

Gestaltung:

Vor jedem Menschen liegt auf einer Unterlage ein Klumpen Ton. Zuerst wird der Ton – mit geschlossenen Augen – durchgeknetet, dann wird jeder eingeladen, seine Erfahrungen – immer noch mit geschlossenen Augen – im Ton auszudrücken. Dabei werden die Leute ermuntert, offen für den Prozess des Gestaltens zu sein und abzuwarten, was bei diesem Prozess entsteht.

 ## *Variante:*

Die Imagination kann auch als gelenkte Phantasiereise angeleitet werden. Dann folgen die TeilnehmerInnen dem Mose.

Das Beispiel:
Stell dir vor, du wanderst mit Mose und seinen Schafen durch die Wüste. – Du spürst den Boden unter dir. Siehst du den Sand, die Felsen, die wenigen Büsche und die wenigen Grasbüschel? –
Mose bleibt stehen. Schau, was Mose macht. Er zeigt auf einen Dornbusch, der brennt und doch nicht verbrennt. – –
Mose zieht seine Schuhe aus. Er steht mit beiden Füßen auf der Erde. – Nun geht er näher an den Busch und verneigt sich. –
Du bleibst mit Abstand stehen. – –
Mose wird von Licht umgeben und du hörst eine Stimme: Ich habe eine Aufgabe für dich. Die Aufgabe ist groß. Sie führt dich in ein neues Land, in eine neue Zukunft. Ich werde mit dir gehen. Ich bin der, der dich begleitet. Ich bin für dich da. –
Mose steht noch eine Zeit dort, dann kommt er zurück. –
Er zieht seine Schuhe an. Er schaut dich an und zeigt noch einmal auf den Dornbusch. Der Dornbusch brennt noch immer, ohne zu erlöschen. – Du nimmst den Dornbusch in deinem Herzen mit, das nicht verlöschende »Ich bin da«. – –

Schweigend gehst du mit Mose zu den Schafen zurück, immer weiter entfernst du dich von dem Dornbusch. –

Rückführung:
Die Bilder verblassen. Du spürst wieder deinen Körper, regst und dehnst dich vorsichtig und bist wieder hier im Raum.

Thema: Da trat ein Engel ein ...

⚠ *Besonderheiten:*

Diese Imagination nimmt eine Geschichte aus Lukas 1 auf und verbindet die Erfahrung Marias mit der Gegenwart. Diese Imagination ist von der Anleitung her kurz und offen.

✝ *Vorbereitende Körperarbeit:*

Als Körperarbeit ist eine der kleinen Übungen aus dem Kapitel Körperarbeit möglich (vgl. S. 46).

☺ *Anleitung:*

Hinführung:

Vor ihnen steht Ton, den sie bei der Gestaltung dieser Imagination brauchen werden. Vergewissern sie sich, dass ihre Haltung gut ist und dass sie den Ton nachher gut erreichen können. Kommen sie in ihrer Sitzhaltung langsam zur Ruhe. Spüren sie noch einmal, wo sie Kontakt zum Boden und zum Stuhl haben. –
Stellen sie sich jetzt vor, sie sind allein in einem Raum. Sie gehen ihren alltäglichen Aufgaben nach. –
Da tritt ein Engel ein ... – –
Warten sie, was geschieht, – vielleicht hilft es ihnen, den Engel als Boten, als die Kraft Gottes zuzulassen ... – –
Lassen sie alles zu, was geschieht, was sie hören, sehen, fühlen; nehmen sie auf, was sie berührt. – – –
Die Imagination geht zu Ende. Nehmen sie Abschied und kommen sie wieder in diese Wirklichkeit.

Rückführung:

Sie sind jetzt hier im Raum. Lassen sie die Augen noch geschlossen und setzen sie sich vor den Ton.

Gestaltung:

Nehmen Sie den Ton in die Hand und gestalten sie ihn – blind – aus ihrem inneren Erleben heraus. Denken sie sich nichts aus, überlassen sie sich dem Gestaltungsprozess. Wenn sie fertig sind, stellen sie das Tongebilde vor sich hin. –
Anschließend sind Mitteilungen und behutsame Gespräche möglich und nötig.

Frieden und Gerechtigkeit

Thema: Der Traum vom Friedensreich

Besonderheiten:

Diese Vision nimmt das friedliche Zusammenleben aller Geschöpfe auf und regt dazu an, diese Vision in sich lebendig sein zu lassen (Jesaja 11,1-9).

Vorbereitende Körperarbeit:

° *Beginnen sie im Liegen und nehmen sie sich im Kontakt zum Boden wahr. Nehmen sie danach den Raum, der sie unmittelbar umgibt, wahr, also die nächsten 20 bis 30 cm und danach den Raum, in dem sie sich befinden. Nehmen sie die Gemeinschaft der Anwesenden wahr.*

Anleitung:

Hinführung:
Ich lade euch heute ein, einen ganz besonderen Ort zu besuchen. Wir besuchen eine Art Paradies.
Stell dir vor, du wanderst durch ein großes Dornentor in eine offene Landschaft. Du siehst Bäume und Bäche, Blumen und Sträucher. –
Es ist ein eigenartiges Land. Menschen und Tiere leben hier friedlich zusammen. Ein Wolf liegt bei den kleinen Lämmern und spielt mit ihnen. –

Ein schwarzer Panther passt auf die jungen Ziegenböckchen auf, die um ihn herumspringen. –

Ein Junge, vielleicht fünf Jahre alt, hütet Kälber, Kühe und junge Löwen gemeinsam. Die Löwen fressen Gras und Stroh. –

Einige Bären weiden bei den Kühen und die jungen Tiere spielen miteinander. –

Ein kleines Kind spielt im Sand am Bach. Aus einer Höhle am Bach schaut eine Otter, das Kind klettert zu ihr in die Höhle. –

Eine Schlange liegt neben ihrem Schlupfloch und ein Kind steckt seine Hand in das Schlupfloch der Schlange. – –

Du gehst zwischen all dem hindurch. Du spürst, dass es hier keinerlei Bedrohung, keinerlei Angst mehr gibt.

Nichts ist mehr voneinander getrennt, das Böse hat keinen Platz, die Güte und Liebe gestalten das Miteinander. –

Langsam verlässt du das Land und kehrst zurück.

Rückführung:
Die Reise ist zu Ende. Du bist hier auf der Erde, sie ist nicht paradiesisch. Spüre den Boden unter dir, den Raum um dich und strecke dich in diesem Raum aus.

 # *Gestaltung:*

1. Vorschlag:
Es bietet sich an, diesen Garten in Ton oder Knete umzusetzen.

2. Vorschlag:
Der Garten kann auch mit Naturmaterialien gelegt werden.

Thema: Schwerter zu Pflugscharen

 ## *Besonderheiten:*

Diese Imagination nimmt ein Motto aus der Friedensbewegung auf. Es geht auf eine Vision des Propheten Jesaja zurück. In dieser Phantasiereise möchte ich die Grundidee in ein inneres Bild umsetzen.

 ## *Vorbereitende Körperarbeit:*

Ein kleine Übung im Stehen
Stellen sie die Füße parallel zueinander – ungefähr in Schulterbreite. Die Knie sind locker und nicht durchgedrückt. Das Becken ist locker und in sich beweglich, die Wirbelsäule baut sich über dem Becken auf. Die Arme hängen nach unten. Sie sind locker, nicht gespannt – aber nicht kraftlos.
Die Bewegung geschieht aus der Körpermitte, fast wie von alleine: Die Arme heben sich nach vorne. Sie sind leicht gestreckt, die Hände hängen.
Die Hände strecken sich und sie halten Arme und Hände für einen Augenblick so, als würden sie von einer Wolke gestützt.
Die Handflächen drehen sich nach oben und die Arme sinken.
Wiederholen sie dies noch 1- bis 2-mal.

Anleitung:

> Suchen sie eine Haltung, in der sie gut sitzen. Für die Nacharbeit liegt ein Klumpen Ton vor ihnen.
> Stellen sie sich eine Zeit vor, in der noch mit Schwertern gekämpft wurde. –
> Sie sehen einen Bauern, der mit seinem Ochsen und einem Holzpflug auf dem Feld unterwegs ist. Der Pflug besteht aus einem Stamm, aus dem ein Ast nach unten ragt. Damit ritzt der Bauer die Erde auf. –

149

Reiter kommen zu dem Bauern und sehen ihm bei der Arbeit zu. –
Sie winken den Bauern heran. Sie reiten mit ihm zum Schmied. –
Sie legen ihre Schwerter auf den Boden und malen einen Pflug aus Eisen auf. –
Der Schmied legt die Schwerter ins Feuer und sie verschmelzen zu rot glühendem Eisen. –
Der Schmied hämmert eine Pflugschar. Sie ist spitz und halbrund. –
Er befestigt sie an einem langen Holz. Ein Eisenstiel kommt noch daran, auf den der Bauer sich stützen kann. –
Stell dir den Bauern wieder vor. Er pflügt den Boden. Der Eisenpflug bricht die Krume um. –
Die Reiter schauen dem Bauern zu und sind zufrieden. Sie reiten ohne Schwerter weiter. –

 Gestaltung:

Nehmen sie den Ton, arbeiten sie ihn durch und gestalten sie den Prozess der Wandlung nach, diesmal ruhig mit offenen Augen.

Thema: Frieden empfangen – Frieden weitergeben

Besonderheiten:

Diese Übung geht davon aus, dass Frieden sowohl erarbeitet wird als auch ein Geschenk ist. Frieden ist mehr als das Schweigen von Waffen, Frieden ist größer als alle Vernunft und erscheint oft sogar unvernünftig.

✝ Vorbereitende Körperarbeit:

○ *Setzen sie sich hin und sitzen sie ganz aufrecht. Die Hände liegen auf den Oberschenkeln, die Handflächen zeigen offen nach oben. Nehmen sie die Handinnenflächen wahr. Atmen sie – in ihrer Vorstellung – durch die Handflächen ein und aus. –*
Richten sie nun ihre Aufmerksamkeit auf die folgende Übung und bleiben sie in dieser aufmerksamen Haltung.

☺ Anleitung:

Hinführung:
Ich lade sie ein, Frieden zu empfangen und Frieden weiterzugeben. Dabei gehe ich davon aus, dass der Friede in uns beginnt. In dieser Übung begegnen sie sich selbst und einem Menschen, mit dem sie in Unfrieden sind.
Wenn sie diese Übung nicht mitmachen möchten, dann steigen sie jetzt aus. (Bleiben sie dazu aber an ihrem Platz.) –

1. Beginnen sie damit, dass sie sich selbst noch einmal spüren. – Nehmen sie nun konkret wahr, wo sie mit sich unzufrieden sind, wo sie nicht in Frieden mit sich selbst sind. – Nehmen sie dies nur wahr, seien sie wahr-haftig zu sich. Es kann ihnen gut tun, selbst zu erkennen und zu fühlen, wo sie mit sich in Unfrieden sind. – –
Lassen sie auch Gefühle zu, wenn sie dies möchten und können, die mit dieser Situation verbunden sind. –
Atmen sie nun – wie in der Körpereinstimmung – durch ihre Hände ein und aus. – –
Stellen sie sich vor, sie atmen Frieden ein, der größer ist als sie selbst. –
Reden sie sich den Frieden nicht ein. – Stellen sie sich nur vor, sie atmen Frieden durch ihre Hände ein. –
Schließen sie dies nun langsam ab. – –

2. Denken sie nun an einen Menschen, mit dem sie in Unfrieden sind. – Nehmen sie konkret wahr, wo sie mit ihm/ihr unzufrieden sind, wo sie nicht in Frieden sind. Nehmen sie dies nur wahr, seien sie wahr-haftig zu sich. Es kann ihnen gut tun, dies zu erkennen und zu fühlen. – – Sicherlich ist mit diesem Menschen noch einiges zu klären. Ich lade sie aber ein, diesem Menschen Frieden – ihre Grundhaltung des Friedens – zu senden, so weit dies jetzt möglich ist. – –
Atmen sie nun – wie in der Körpereinstimmung – durch ihre Hände ein und aus. – Atmen sie selbst durch ihre Hände Frieden ein und senden diesem konkreten Menschen Frieden beim Ausatmen. Atmen sie – strömen sie Frieden aus. – Schließen sie langsam diese Übung ab.

Rückführung:
Beenden sie sorgfältig und behutsam diese Übung. Lassen sie sie nachklingen. Vielleicht gibt es noch Klärungsbedarf und Gesprächsnotwendigkeiten mit dem konkreten Menschen; dann überlegen sie, ob und bei welcher Gelegenheit sie dies tun wollen.

 # *Gestaltung:*

In der Gestaltung nehme ich das Thema auf und lade ein, dass jede/r sich selbst einen Brief schreibt oder dem anderen Menschen, dem er/sie Frieden gesandt hat.
Der Brief muss nicht abgeschickt werden, er dient mehr der Klärung innerer Befindlichkeiten.
Tonarbeit kann auch sinnvoll sein. Töpfern mit geschlossenen Augen hilft beim Ausdruck der vorhandenen Emotionen.

 # *Variante:*

Diese Übung kann anstelle des Themas Frieden auch auf das Thema Liebe übertragen werden, die Übung bleibt sinngemäß die gleiche.

Thema: Die kleine Blume Frieden

Besonderheiten:

Diese Phantasiegeschichte ist besonders für Kinder geeignet, aber auch Erwachsene erleben sie gerne. Sie erinnert daran, dass Frieden in uns beginnt.

Vorbereitende Körperarbeit:

Beugen sie sich aus dem Sitzen oder Stehen nach vorne, lassen sie Schultern und Arme hängen. Richten sie sich dann bewusst und langsam von unten her auf.

Anleitung:

Hinführung:
Ich möchte dir nun eine Geschichte erzählen und lade dich ein, sie mitzuerleben. Setze dich dazu aufrecht hin und lasse alle Ablenkungen los. –
Stell dir vor, am Rand der Wüste wuchs einmal eine kleine Blume. Ihr Name war Frieden und die Menschen nannten sie die Friedensblume. Sie war unscheinbar und kaum zu sehen. Sie blühte nur ganz unregelmäßig, aber dann war sie wunderschön. Sie wurde dann zur schönsten und wertvollsten Blume auf der Welt. –
Also stell dir diese unscheinbare kleine Blume vor. – Ab und zu kommen Menschen, um die Blume zu gießen. Dann wächst sie ein wenig. –
Manchmal vergessen die Menschen die Blume, lange kommt niemand vorbei, dann vertrocknet sie fast. –
Dann kommen Menschen und gießen sie ganz heftig. Sie haben sich an die Blume erinnert und wollen sie zum Blühen bringen, aber die Blume ertrinkt fast. –

Selten geschieht es, dass die Menschen sich im richtigen Maß um die kleine Blume sorgen, schauen, was ihr zum Wachsen fehlt. Doch dann wächst sie. – –

Und plötzlich fängt sie an zu blühen. Die Menschen bewundern sie.

Sie sind dann ganz stolz auf ihre Pflege, doch bald vergessen sie ihre Sorgfalt wieder und die Blume verkümmert. –

Bevor sie stirbt, verschenkt sie aber noch ihre Samen. –

Nimm dir zwei Samen. Einen pflanze in dein Herz. – –

Den anderen Samen verschenke. Behalte ihn nicht selbst. Um zu wachsen, muss der Same immer auf mindestens zwei Menschen verteilt werden. –

Schau jetzt zu, wie die Blume Frieden in deinem Herzen wächst und sorge gut für deine Blume. –

Rückführung:
Langsames Aufrichten, Dehnen und Ankommen.

 # Gestaltung:

1. Vorschlag: Wer möchte, kann die Blume, die blüht oder die im Herzen wächst, malen.

2. Vorschlag: Jede/r kann auf einen Blütenstern einen Wunsch für eine/n andere/n schreiben und ihn schön gestalten. Dann werden die Blütensterne zusammengefaltet und verschenkt. Wenn man sie in Wasser legt, blühen sie auf und der Wunsch wird sichtbar.

Thema: Über das Teilen und Schenken-Können (St. Martin)

Besonderheiten:

Diese Imagination nimmt das St. Martin-Motiv auf und lädt zum Teilen ein. Wichtig ist, dass das Teilen ein Verschenken ist und kein moralisches Muss. Es geht um das Geben aus dem Herzen heraus und nicht um eine Pflicht.

Vorbereitende Körperarbeit:

Die vorbereitende Körperarbeit kann aus dem entsprechenden Kapitel frei gewählt werden (vgl. S. 46-51).

Anleitung:

Hinführung:
Setze dich gut hin. Ich lade dich zu einer Phantasiereise ein. Wir werden eine Stadt durchwandern. Mache es dir wirklich bequem.
Stell dir eine Stadt vor, sie ist groß. Das Wetter ist kalt und nass. Gehe mit mir durch die Stadt. –
Bevor wir losgehen, nimm den Rucksack mit, der dort liegt. Er enthält eine Flasche heißen Tee, einen Geldschein, ein Brot und ein Dose leckeren Nudel-Eintopf. Alles gehört dir. Vergiss auch den warmen Mantel nicht anzuziehen. Er liegt in der Nähe des Rucksacks.
Jetzt können wir losgehen. Wir wandern durch die Stadt. – –
Ein junger Mann macht Musik. Er fragt dich nach etwas Warmem zum Trinken. –
Du tust, was du willst, und gehst weiter. –

Ein Kind bittet dich um etwas zum Essen. –
Du tust, was du willst, und gehst weiter. Schau dich um. – –
Eine ausländische Frau kommt auf dich zu und hält die Hand auf. –
Du tust, was du willst, und gehst weiter. – –
Eine Familie bettelt unter einem Torbogen. –
Du tust, was du willst, und gehst weiter. –
Die Stadt wird dunkel. Du wanderst aus der Stadt. Es schneit. Unter einem Tor liegt ein Mensch in Hemd und Hose. Du kommst vorbei. Er friert und grüßt dich. Er sagt sonst kein Wort. –
Du tust, was du willst, und wanderst aus der Stadt zur Bushaltestelle. Dein Bus kommt und bringt dich nach Hause. –

Rückführung:
Die Bilder der Stadt verblassen. Du bist wieder hier. Spüre einmal, was du noch von deiner Reise übrig hast. Dann dehne und strecke dich gut durch.

 # Gestaltung:

1. Vorschlag:
Lassen Sie die Szene durch Malen gestalten, die die Betreffenden am intensivsten angerührt hat.

2. Vorschlag:
Mit geschlossenen Augen wird mit einem Pastell-Stift Brot, Teekanne, Dose, Geld und Mantel schematisch irgendwo auf das große Malpapier gebracht. Danach wird das Bild mit den Pastellkreiden nach den intuitiven Vorgaben – mit offenen Augen – ausgestaltet. Je nach Alter kann dies viel Zeit brauchen.
Erzählen und ein Gespräch über die Erfahrungen bei der Phantasiereise sind nötig, denn es kann Ärger, Freude, Mitleiden, Ohnmacht, Dankbarkeit, Überforderung und Hilflosigkeit erlebt werden.
Wichtig ist in diesem Gespräch, dass das Teilen oder Nicht-Teilen nicht benotet und bewertet wird.

⊟ *Variante:*

Es kann auch die klassische St. Martin-Geschichte als Phantasiereise gestaltet werden. Allerdings ist das Verhalten dann oft vorgeprägt.

📖 **Thema: An einem Tisch – Martin Luther King's Vision**

⚠ *Besonderheiten:*

M.L. King hatte die Vision, dass alle Menschen in Frieden an einem Tisch sitzen können und miteinander teilen. Diese Vision nehme ich in der Phantasiereise auf.

✝ *Vorbereitende Körperarbeit:*

Sich das Sitzen bewusst machen, offen werden durch Körperarbeit, die die Weite fördert, zum Beispiel durch Öffnen der Arme.

☺ *Anleitung:*

Hinführung:
Du nimmst an einer Phantasiereise teil, die viele Kinder/Menschen zusammenführt. Setze dich gut – konzentriert, aber locker – hin.
Stell dir einen Hügel vor. Du kannst von diesem Hügel aus in die ganze Welt sehen. – Du siehst die Menschen in Slums und großen Wohnblöcken,

du siehst Eskimo-Iglus und Indianerzelte. Du siehst Menschen in Hochhäusern und in Hütten ... – Schau dir die Menschen dieser Welt an. –
Auf diesem Hügel steht ein großer Tisch mit Stühlen. –
Kinder aus allen Ländern, mit allen Hautfarben, aus vielen Völkern, arme und weniger arme Kinder kommen an den Tisch. – –
Sie bringen alle etwas zu essen und trinken mit. Alle teilen, was sie mitgebracht haben. – Alle sitzen zusammen an einem Tisch. –
Vielleicht teilen die Kinder auch ihre Kleidung oder andere Dinge. –
Auch du bist dabei und isst und sprichst und verstehst alle Kinder. –
Während ihr so sitzt, erscheint über euch ein großer Regenbogen. –

Rückführung:
Die Phantasiereise geht zu Ende. Behaltet in euch, dass alle Menschen gemeinsam an einem Tisch sitzen und teilen. Nun bewegt euch und öffnet die Augen. –

 # Gestaltung:

Neben den schon vertrauten Gestaltungsmöglichkeiten schlage ich diesmal eine Gruppengestaltung vor. Auf dem Boden liegt eine ausgerollte Papierbahn, um die die Kinder sich alle setzen. Der Tisch (Ansicht von oben) ist aufgemalt. Jedes Kind malt ein Kind an den Tisch. Das Essen wird (schweigend) gemeinsam auf den Tisch gemalt. Jedes Kind kann seinen Platz gestalten. Das Bild wird nachher aufgehängt. Ergänzend kann dieses Bild als »Tischtuch« für ein gemeinsames großes Essen, bei dem jeder etwas (aus seiner Heimat) mitbringt, verwendet werden. Zur Sicherheit kann über das gemalte Bild eine dünne preiswerte Plastikfolie gelegt werden.

 # Variante:

Für Erwachsene werden aus den Kindern Menschen jeden Alters.

Angst aushalten und gestalten

📖 ## Thema: Der Scheinriese

⚠ ## *Besonderheiten:*

Mit diesem Motiv aus Michael Ende's »Jim Kopf« lässt sich gut der Umgang mit Angst ausprobieren, wenn nicht gar einüben. Diese Reise ist besonders gut für Kinder geeignet.

♀ ## *Vorbereitende Körperarbeit:*

Probieren Sie vor der Phantasiereise verschiedene Körperhaltungen aus. Regen Sie die Menschen an, mal groß, mal klein, mal riesig, mal ganz klein, mal drohend, mal schüchtern, mal offen, mal abwehrend ... zu sein.
Nach jeder Haltung, die eingenommen wurde, halten Sie inne und laden die Menschen ein, sich in diese Körperhaltung einzuspüren.

☺ ## *Anleitung:*

Hinführung:
Ich möchte dich jetzt zu einer Phantasiereise einladen, bei der du einem besonderen Wesen begegnen wirst. Setze oder lege dich gut hin und schließe die Augen. Versuche dir alles vorzustellen oder, wenn dies nicht geht, male dir meine Anregungen in Gedanken aus.
Nun stelle dir eine große, weite, flache Landschaft vor. –

Du gehst sicher durch diese Landschaft. –
Weit in der Ferne siehst du einen großen Menschen, er ist wirklich riesig groß.
Es ist ein Riese. Du brauchst keine Angst zu haben. Sieh ihn dir nur an. –
Gehe weiter. Wenn du näher gehst, wird der Riese kleiner. Trau dich und
geh. Du bist ganz sicher hier und beschützt. Geh nur näher. –
Halte zwischendurch inne und schaue den Riesen an. Ist er schon viel
kleiner geworden? – –
Schreite weiter auf den Riesen zu. Der Riese wird weiter kleiner, er verliert
seine Größe. –
Irgendwann ist er fast genauso groß wie du. –
Jetzt stehst du dem ehemaligen Riesen gegenüber, er ist ein Mensch wie
du. Vielleicht ist er noch ein bisschen größer als du, vielleicht ist er genauso
groß oder gar kleiner als du. – –
Wenn du willst, kannst du ihm die Hand schütteln. Vielleicht müsst ihr
gemeinsam lachen. Schau dich um. In der Nähe steht etwas zu essen und
zu trinken. Macht es euch gemütlich. –

Rückführung:
Die Phantasiereise ist zu Ende. Nimm dir für deine Erfahrungen noch ein
wenig Zeit. Welche Gefühle hast du unterwegs gehabt? – Wie geht es dir
jetzt? – Komm jetzt wieder ganz hier im Raum an. Der Scheinriese ist
nicht mehr da. Du bist hier. Bewege deine Hände und Füße, öffne die
Augen und räkele dich gut durch.

 # Gestaltung:

1. Vorschlag:
Das Aufeinanderzugehen der beiden Personen lässt sich gut verklanglichen. Die
unterschiedlichen Töne können sowohl Emotionen wie auch die Schritte und Größe
ausdrücken. Geeignet sind alle Arten von Trommeln oder Vibraphone.
Mit Trommeln lassen sich auch die Ängste gut ausdrücken.

2. Vorschlag:
Die Erfahrungen können auch durch Gebärden, durch Pantomime oder (nur bei geübten Gruppen) im Tanz ausgedrückt werden.

 *Varianten:*

- 1. Die Phantasiereise wird etwas distanzierter, wenn sie mit »euch« angeleitet wird. Andererseits kann durch das »euch« ein gewisses Gemeinschaftsgefühl entstehen, was hilfreich sein kann. Es ist aber sinnvoll, Menschen auch die persönliche Begegnung (»du«) mit dem Scheinriesen zu ermöglichen.

- 2. In einer zweiten Phase können Sie nach Absprache mit der Gruppe die Übung abändern. Lassen Sie jeden vorher für sich entscheiden, was sein persönlicher Scheinriese im Moment ist: Was ist so ein riesiges Problem, was macht so viel Angst, dass es wie ein riesiges Hindernis vor mir steht? Leiten Sie dann die Phantasiereise so an, dass statt des Riesen dort das ausgewählte Motiv erscheint. Lassen Sie offen, wie die Begegnung am Ende aussieht.

Anschließend sollte Zeit zum Gespräch in kleinen Gruppen sein.

Thema: Im Meer versinken

⚠ *Besonderheiten:*

Eine Angst des Menschen ist es, im Meer des Lebens zu versinken und unterzugehen. Im biblischen Kontext machen die Freunde Jesu, darunter auch Petrus, diese Erfahrung, als sie mit ihrem schlafenden Meister und Lehrer in einen Sturm geraten. Obwohl Petrus selbst – als Fischer – der Fachmann für die Bootsführung ist, reagiert er nur noch aus Angst. Er hat Angst um seine Existenz. Rettung bringt in solch einer Lebenssituation die Erfahrung, dass der Mensch nicht allein ist, dass real jemand da ist, der berührt, begleitet und dem Sturm zuspricht und ihn beschwichtigt. Dies nehme ich in einer gelenkten Phantasiereise auf.

✝ *Vorbereitende Körperarbeit:*

Muskelentspannung im Liegen oder Sitzen, siehe dazu das entsprechende Kapitel (s. S. 50/51).

☺ *Anleitung:*

Hinführung:

Setze dich gut hin. Ich lade dich ein, Petrus und Jesus auf einer Bootsfahrt zu begleiten. Die Fahrt geht durch stürmische See, aber du kommst sicher und gut wieder hier an. Nimm einen festen stabilen Sitz ein und spüre den Boden unter dir.

Steige nun mit Petrus in eines der Ruder- und Segelboote am Ufer des Sees. –

Langsam rudert ihr hinaus. Das Wetter ist gut. Ein Mann liegt im Heck des Bootes und schläft. Das Boot treibt mit einem Segel leicht im Wind. –

Ihr fahrt zur anderen Seite des Sees. Die Ufer auf beiden Seiten sind nicht mehr zu sehen. Der Himmel bewölkt sich. Ein Wind kommt auf. –

Petrus kennt den See. Er ist Fischer. Der Wind bläht das Segel, das Boot wird schneller. Gischt spritzt in das Boot. –

Der Himmel ist dunkel. Der Wind wird zum Sturm. Petrus holt das Segel ein. Das Boot liegt wie eine Nussschale auf dem See. Es schaukelt heftig hin und her. – –

Petrus klammert sich fest. Du hältst dich fest. Der Mann im Heck schläft immer noch und er schläft gut und in Frieden. Petrus klettert zu ihm und weckt ihn. Er zeigt auf die See, den Himmel und das Boot. –

Der Mann erschrickt nicht. Er fasst Petrus ruhig an. Er schickt ihn zu den Rudern zurück. Er zeigt zum Himmel, der Himmel wird heller. Er hebt seine Hand und prüft den Sturm, der Sturm nimmt ab. –

Es wird stiller und stiller. Der Mann lächelt und sagt: Habt nur Vertrauen. Dann legt er sich wieder hin und schläft. – –

Du siehst dich um. Ganz in der Nähe ist das Ufer. Ihr rudert zum Ufer und steigt aus. –

Du siehst auf den See hinaus. Du siehst auf das Boot. Es ist klein. Der Mann im Heck des Bootes steht auf und räkelt sich durch. Er lächelt dich an: Gegen Angst hilft nur Vertrauen. Wage es. – Er nickt dir zu und geht.

Rückführung:
Die Reise ist zu Ende. Du hast festen Boden unter den Füßen, probiere es aus. Du bist hier im Raum. Hier in der Gegenwart. Strecke dich und dehne dich nach der Bootsfahrt gut. Atme tief durch.

 ## Gestaltung:

Bei dieser Phantasiereise scheint mir Malen mit Pastellkreiden – auch wegen der Reibe- und Übermaltechnik – angebracht. Bitte wählen sie mindestens DIN A3-Format.

Thema:
Den Weg durch den Tunnel gehen

Besonderheiten:

Dieses uralte Motiv beschreibt die Bewältigung von Trauer, Angst und anderen Dunkelheiten. Dabei nehme ich das Bild des Tunnels auf, dies ist vergleichbar mit dem finsteren Tal (siehe dazu Psalm 23, S. 20 ff.).
Obwohl die Übung geführt ist, ist sie recht offen. Oft werden dadurch bei Erwachsenen alte Lebenssituationen, die das Leben behindern, bewusst. Die Ausgestaltung gehört unbedingt zu dieser Übung.

✝ *Vorbereitende Körperarbeit:*

Keine spezielle, sinnvoll ist es, dem Atem Raum zu geben; vielleicht ist eine der Yoga-Übungen hilfreich (siehe dazu im entsprechenden Kapitel, S. 46).

☺ *Anleitung:*

Hinführung:

(Die Übung ist sowohl im Sitzen als auch im Liegen möglich; gut ist eine beschützte und geschützte Haltung. Leiten Sie dazu an.)

Stell dir nun vor, du bist auf einem langen Weg. Du wanderst und gehst auf einen Berg zu. Der Berg kommt näher und der Weg führt dich zu einem Tunnel. –

Wenn du weitergehen willst, führt der Weg durch diesen Tunnel. Am Eingang hängt ein kleiner Beutel, nimm ihn bitte mit. – Haben alle ihren Beutel? (Vergewissern!) –

Ich lade dich ein, weiter durch den Tunnel zu gehen. Der Tunnel ist sicher. – (Wenn du nicht möchtest, lagere vor dem Tunnel und mache es dir gemütlich, beende deine Reise und bleib ganz leise, damit die anderen weitergehen können.)

Nun gehe in den Tunnel. Schaue ab und zu zurück, das Licht am Eingang wird kleiner. Deine Augen gewöhnen sich an die Dunkelheit. Noch kannst du etwas sehen und weitergehen. –

Wenn es ganz dunkel wird, greife in den Beutel und hole die kleine Kerzenlaterne heraus. Das Feuerzeug ist auch im Beutel, zünde die Kerze an. – Haben alle ein Licht? (Vergewissern und notfalls phantasievoll eingreifen!) –

Schau einmal, wie hell ein Licht die Dunkelheit macht. – –

Gehe weiter und weiter. Am Ende des Tunnels siehst du ein kleines Licht. Auch wenn deine Kerze erlischt, du kannst jetzt dem Licht am Ende des Tunnels folgen. – –

Das Licht wird größer und größer und führt dich zum Ende des Tunnels. –
Nun trittst du aus dem Tunnel. Schau nach vorne, dein Weg liegt vor dir. –

Rückführung:
Die Reise ist zu Ende. Strecke und bewege dich sanft. Lasse den Tunnel
hinter dir. Du bist jetzt wieder in dieser Wirklichkeit.

 # *G*estaltung:

Die Tunnel-Erfahrungen können gut auf schwarzen Karton mit Pastellkreiden gemalt
und ausgedrückt werden. Für die Menschen, die den Ausblick aus dem Tunnel malen
wollen, ist weißer Karton sinnvoll.

 # *V*ariante:

Im Brunnen Licht sehen:
Es gibt eine Variante zur Wanderung durch den Tunnel: den Abstieg in den Brunnen
oder den Aufstieg aus dem Brunnen. In der alttestamentlichen Josefserzählung taucht
der Brunnen genauso auf wie im Märchen von Frau Holle, sehen Sie sich dazu das
entsprechende Kapitel an (S. 180 ff.).

Leben und Sterben

📖 Thema:
Den Tod ansehen – Gevatter Tod

△ *Besonderheiten:*

Mit diesem Motiv aus dem Märchen *Gevatter Tod* arbeite ich gerne. Die Imagination ist offen und bedarf intensiver Vorerfahrung, sowohl beim Thema Tod als auch beim Arbeiten mit Imagination. Diese Übung gehört eher in die Arbeit mit älteren Jugendlichen und Erwachsenen. Die Übung ist kurz, aber die Gestaltung braucht Zeit.

✝ *Vorbereitende Körperarbeit:*

Die Körperarbeit bereitet die Übung vor. Sie gehört unabdingbar dazu. Sie ist die *Hinführung:*

° Legen sie sich in die Rückenlage, so als ob sie in einem Bett lägen. – Spüren sie sich im Kontakt zum Boden. – Legen sie sich in das Bett gut ab, sodass es für sie angenehm ist und sie möglichst entspannt liegen.

☺ *Anleitung:*

Stellen sie sich nun vor, sie liegen in einem Bett in einem hellen Zimmer.
Sie sind ganz alleine. –
Schauen sie zu ihrem Fußende. Nehmen sie diese Seite wahr. –
Im Märchen vom Gevatter Tod wird erzählt, dass der Tod am Fußende
steht, wenn der Mensch leben kann und soll. –
Im Märchen ist der Tod – der Pate – der Begleiter im Leben. Wer den
Tod ansieht, kann leben. –
Stellen sie sich den Tod am Fußende des Bettes vor. Legen sie sich nicht
fest. Vielleicht haben sie Ideen, vielleicht entstehen Bilder, vielleicht
begegnet ihnen der Tod in ganz unerwarteter Gestalt. – –
Vielleicht haben sie Angst oder Sorgen bei diesen Bildern und Ideen.
Akzeptieren sie dies. Es kann ihnen nichts geschehen, schauen sie hin und
sie werden leben. –
Lassen sie sich auf das Bild, auf die Idee, auf die Gestalt ein, die ihnen am
Fußende begegnet. Wenn es zu viel wird, beenden sie die Imagination,
indem sie sich für das Bild, die Erfahrung bedanken. –
Die anderen verweilen bei ihrem Bild. –
(Ich frage hier immer nach, wer noch Zeit braucht und gebe diese Zeit.)
Nehmen sie nun Abschied von ihren Begegnungen. Bewahren sie das
Bild, das sie berührt hat, das ihnen jetzt wichtig ist. –

Rückführung:
Spüren sie ihren Körper. Sie liegen auf dem Boden, nicht in einem Bett.
Räkeln sie sich gut durch und setzen sie sich auf. Die Imagination ist zu
Ende.

Gestaltung:

Die Gestaltung eines Bildes gehört zu dieser Imagination. Dabei steht der innere Prozess im Vordergrund und nicht die Fähigkeit zu malen. Ein großes Bild (DIN A2 oder A1) wird mit Wasserfarben mit Großpucks und dickeren Pinseln gemalt. Geben Sie viel Zeit (45-60 Minuten) für die Gestaltung der Bilder, ein zweites Bild kann sich anschließen.

Ein ausführliches Gespräch über die Bilder und Erfahrungen ist notwendig. Dabei werden die Bilder einbezogen. Ich setze bei dieser Imagination 15 Minuten Gespräch pro Person an.

Thema: Die Stundenblume – Motiv aus »Momo«

Besonderheiten:

Das Motiv stammt aus dem Buch »Momo« von Michael Ende und ist eine gute Hinführung zu einem Themenbereich »Werden und Vergehen«.

Vorbereitende Körperarbeit:

Die Teilnehmer nehmen ihre Grundhaltung ein und schauen einen Augenblick ihrem Atem zu. Der Atem wird nicht beeinflusst. – (Diese kleine und kurze Übung kann immer wieder geschehen.)

☺ *Anleitung:*

Hinführung:

Ich lade dich zu einem Besuch ein. Ich möchte ein altes Haus mit dir besuchen und in ein geheimnisvolles Zimmer gehen. –

Stell dir vor, du stehst vor einem großen alten Haus und du gehst mit mir durch die große Tür hinein. Die Tür geht zu. Der Flur ist mit Teppichen ausgelegt, es ist leicht dämmrig im Raum. – –

Du siehst eine neue Tür vor dir, sie ist kleiner. Wir gehen durch diese Tür und kommen in einen großen, hallenartigen Raum. –

Das Licht ist mild. – An der Wand dir gegenüber befindet sich eine Uhr mit einem riesigen Pendel. Das Pendel wandert langsam von einer Seite zur anderen. Immer, wenn das Pendel von rechts nach links, von links nach rechts schlägt, ist eine Stunde vergangen. –

Schau dem Pendel zu, es bewegt sich über einem riesigen Wasserbecken. Wenn das Pendel wieder an der Seite ist, schau auf das Wasserbecken. Eine schöne Blume wächst aus dem Wasser, während das Pendel ausschlägt. Dann kehrt das Pendel zurück zur anderen Seite und die Blume vergeht. –

Das Pendel hält fast ein wenig inne. Dann schlägt es wieder aus und eine neue wunderbare Blume wächst heran. – Und sie vergeht, wenn das Pendel zurückschlägt. – –

Stunde um Stunde, Schlag um Schlag, Schwung um Schwung wächst und vergeht immer eine neue Blume. Jede scheint schöner zu sein als die vorausgegangene. –

Schau eine Weile zu. –

Nun komm, wir müssen wieder gehen. Verabschiede dich.– Öffne die Tür. Wir sind im Flur. Wir gehen weiter durch die große Tür, bis wir aus dem Haus sind. Atme noch einmal tief durch. Vergiss die Stundenblumen nicht. –

Rückführung:

Nun bist du wieder hier im Raum. Das geheimnisvolle Zimmer wurde verlassen. Verabschiede dich von deiner Reise und sei ganz hier. Bewahre aber die Bilder von den Stundenblumen und dem geheimnisvollen Raum. Strecke und dehne dich gut durch.

 # *Gestaltung:*

1. Vorschlag: Es bietet sich an, das Werden und Vergehen der Stundenblumen großflächig gestalten zu lassen. Pastellkreiden erlauben durch die Möglichkeit des Verreibens, des Über- und Ineinandermalens eine gute Gestaltung.

2. Vorschlag:

Interessant ist auch eine Legearbeit mit Blüten, Blättern und kleinen Ästen. Sie können dafür frische oder getrocknete Blütenblätter nehmen, am schönsten sind Rosenblätter. (Diese sammeln Sie entweder über einen längeren Zeitraum oder Sie fragen im Blumenfachgeschäft nach Blumen, die für den Verkauf schon zu weit aufgeblüht sind. Dies ist eine Gestaltungsmöglichkeit für kleine Gruppen.)
Das Bild wird auf einem schwarzen oder weißen Hintergrund – möglichst aus stabilem Pappkarton – gelegt. Jede/r braucht genug Arbeitsfläche, auch der Boden ist gut geeignet. Die unterschiedlichen Blütenblätter liegen in verschiedenen schönen Schalen. Die trockenen Äste stehen am besten in einer Vase (ohne Wasser). Die Blütenblätter werden nur gelegt, sie sind so wieder verwendbar und die Vergänglichkeit des Bildes entspricht dem Thema.

Variante:

Diese Imagination ist auch für Kinder gut geeignet und kann auch mit Momo als Leitperson erzählt werden:

Ich lade euch heute ein, Momo bei ihrem Besuch in einem ganz besonderen alten Haus zu begleiten. Das alte Haus hat eine große Tür. Momo öffnet die Tür und geht hinein. Kommt einfach mit. –

Sinngemäß geht es dann wie oben weiter …

✐ Gestaltung:

Das oben erwähnte Legebild ist hier auch als Gruppenarbeit möglich.

Die Blüte ist ein klassisches Mandalamotiv. Wählen Sie ein bis drei verschiedene Blütenmandalas aus und lassen Sie die Geschichte im Ausgestalten nachklingen (vgl. z.B. Gerda und Rüdiger Maschwitz, Neue Mandalas – Aus der Mitte wachsen, Kösel-Verlag, Bilder Nr. 2, 5, 18-22).

📖 Thema: Wenn das Weizenkorn nicht stirbt, dann bringt es keine Frucht

▲ Besonderheiten:

Diese Imagination folgt dem Werden und Wachsen des Weizenkorns. Dazu brauchen sie Weizenkörner, die in die Hand der Teilnehmenden gelegt werden. Weizenkörner können sie in Naturkostgeschäften kaufen.

✝ Vorbereitende Körperarbeit:

Als Grundhaltung bei dieser Imagination schlage ich Sitzen vor. Jede/r kann sich eine Sitzhaltung aussuchen, in der er/sie eine Zeit lang aufmerksam verweilen kann. Dabei sollen die Hände ineinander liegen, sodass sie eine kleine offene Schale bilden. Beginnen Sie damit, dass die Teilnehmenden sich im Sitzen wahrnehmen.

172

☺ *Anleitung:*

Hinführung:

Ich lade sie zu einer Imagination ein. Wenn sie möchten, schließen sie die Augen. Ich lege ihnen einige wenige Weizenkörner in die Hand. Spüren sie deren Gewicht, die Berührung mit ihrer Hand. –
Stellen sie sich vor: Im Winter liegt ein Acker in Ruhe und wie tot da. Er ist gepflügt und fein geeggt. Es herrscht Stille. –
Das Frühjahr kommt. Der Bauer sät den Weizen aus. –
Die Weizenkörner ruhen – tief und dunkel – in der Erde. –
Sie werden von Feuchtigkeit durchtränkt. –
Sieh das eine Weizenkorn an. Es wird dicker und dicker. Dann bricht der Keim durch. – –
Der Keim entfaltet sich und bricht durch die Erde.–
Das Weizenkorn in der Erde gibt seine Kraft dem neuen Keim.–
Der Keim wächst und wird zu einem kräftigen Halm. –
Langsam löst sich das Weizenkorn in der Erde auf, bis nur noch die Hülle zurückbleibt. – –
In der Sonne wächst der Halm und reift. –
Der Halm trägt eine große Ähre. Er wird goldgelb. Die Ähre wird schwer, sie ist gefüllt mit Körnern. – (Ende I)

Der Weizen wird geerntet, das Feld gepflügt und es liegt im Winter brach (wie tot) . –
Der Bauer kommt und sät den Weizen aus. Der Weizen liegt tief und fest in der Erde. – Der Kreislauf des Lebens beginnt von neuem. (Ende II)

Rückführung:

Lassen sie die Bilder verklingen. Die Imagination ist zu Ende. Kommen sie zurück in diesen Raum. Spüren sie noch einmal die kleinen Weizenkörner in ihrer Hand. Strecken sie sich vorsichtig und öffnen sie die Augen, falls sie geschlossen waren. Vor ihnen liegt nun Papier und Kreide (oder Großpuckwasserfarbe).

*G*estaltung:

1. Vorschlag:

Sie haben das Weizenkorn begleitet. Welche Zeit, welcher Zustand war für sie am schönsten, am eindrücklichsten? Malen sie dazu ein großes Bild. Die Bilder der ganzen Gruppe können, zum Beispiel in der entsprechenden Reihenfolge der Entwicklung, einen Bilderteppich entstehen lassen.

2. Vorschlag:

Auf dieser Seite ist ein Mandala abgebildet. Es könnte ein Weizenkorn sein. Je nach Größe auf dem Blatt kann es ausgemalt und/oder weitergemalt werden. Zum Beispiel kann der Keim entspringen.

*V*ariante:

Im Kapitel *Vertrauen und Wachstum* gibt es eine weitere Phantasiereise: Der wachsende Weizen, mit anderen Anregungen (S. 104 ff.).

Thema: Die Schildkröte geht rückwärts – Ein Lebenspanorama

⚠ *Besonderheiten:*

Dieses Motiv habe ich aus *Momo* aufgenommen. Dort geht die Schildkröte Kassiopeia rückwärts, um vorwärts zu kommen. Manchmal müssen wir, um leben zu können, rückwärts gehen, um wahrzunehmen, was uns am Leben hindert oder/und um zu sehen, was uns im Leben fördern kann.

In einer mehr therapeutischen Arbeit kann das Hindernde in die Imagination mit einbezogen werden, im Rahmen dieses Buch möchten wir ausschließlich das Fördernde in den Blick nehmen.

Lassen Sie sich nicht bei der Anleitung, bei der Gestaltung oder bei einem Gespräch irritieren, wenn Menschen sagen, dass es das Fördernde in ihrem Leben nicht gibt.

Es gilt auch das Kleine, das Vergessene, das Nichtberücksichtigte wahrzunehmen. Dazu ermutigt diese Imagination, sie ist bewusst offen formuliert.

Abschied nehmen von alten Mustern und Gewohnheiten ist auch ein Sterbeprozess, der für das Leben und das spätere Sterben förderlich ist.

Papier zum Aufschreiben und Stifte sind bei dieser Übung für den Ausdruck notwendig. Legen Sie diese vorher zurecht.

✝ *Vorbereitende Körperarbeit:*

° *Diese Übung lädt zum Liegen ein. Legen sie sich gut ab und spüren sie den Boden. Der Boden trägt, er kann nicht wegrutschen. Spüren sie, wo sie fest aufliegen, wo die Lage schmerzhaft ist. Wenn sie auf dem Rücken liegen, kann es hilfreich sein, die Beine aufzustellen.*

☺ # Anleitung:

Hinführung:
Diese Imagination ist eine ungewohnte Phantasiereise. Sie führt sie nicht in irgendeine Geschichte, sondern sie begegnen ihrem eigenen Leben. Ich lade sie ein, drei Fragen, besser: drei Bildern zu Fragen, nachzugehen. Bedenken sie die Fragen nicht, sondern nehmen sie wahr, welche Bilder und Erinnerungen sie auslösen.
Während sie hier liegen, gehen sie in ihrer Erinnerung zurück.

1. Was zieht ihnen durch den Sinn, wofür sie danken möchten? Wo gibt es einen Anlass zum Dank, der ihnen jetzt gegenwärtig wird? – Wenn sie möchten, können sie den Dank jetzt in dieser Imagination vollziehen. – – –
Sie haben Zeit. – Braucht jemand noch Zeit? Bitte ein wenig die Hand heben. (Wenn jemand die Hand hebt, noch Zeit geben!)

2. Eine zweite Frage, ein zweites Bild: Welche Situation hat mir gut getan, hat mich gefördert? Lassen sie sich einmal auf diese Frage ein. – Was geschieht nun? Was kommt ihnen in den Sinn? Was berührt sie? Lassen sie sich auf diese Situation ein, so gut es jetzt möglich ist. Sie haben Zeit. – – –
Braucht jemand noch Zeit? Bitte ein wenig die Hand heben. (Wenn jemand die Hand hebt, noch Zeit geben!)

3. Und eine dritte Frage, ein drittes Bild: Gibt es einen Menschen, dem sie noch etwas Wichtiges sagen möchten, eine Mitteilung, eine Zusage – was auch immer – nehmen sie es wahr. In der Imagination können sie es jetzt tun. Später können sie sich entscheiden, ob dies auch in der gewohnten Wirklichkeit geschehen soll. Sie haben Zeit. – – –
Braucht jemand noch Zeit? Bitte ein wenig die Hand heben. (Wenn jemand die Hand hebt, noch Zeit geben!)

 ## Gestaltung:

° *Vor ihnen liegt Papier. Sie können das Erlebte noch nachklingen lassen ... Sie können schreiben, malen, dichten, einen Brief schreiben ...*
Sie haben Zeit. –

Nach einem Gespräch, vielleicht nach einer Hörrunde, können Sie als AnleiterIn noch anregen: Gibt es eine überschaubare Aufgabe, die mir aus der Imagination erwachsen ist und die ich erledigen möchte?

Thema: Imagination des Abschieds – Jetzt Abschied nehmen

Besonderheiten:

Diese Übung ist für Kinder, Jugendliche und Erwachsene gleichermaßen geeignet. Die Klarheit dieser Übung macht ihre Tiefe aus. Sie kann genauso große Emotionen wie stille Gefühle auslösen, und sie darf und soll dies auch.
Diese Übung ist weniger für Gruppen geeignet, mehr für Einzelsituationen oder für einen geschützten Kleingruppenrahmen (3 bis 5 Leute).
Ich kann mir die Übung aber auch in einer Schulklasse oder im Kindergottesdienst bei einem entsprechenden Thema vorstellen, wenn eine Vertrauensbasis existiert.
Ich erinnere mich an folgende Situation, die ich als Beispiel ausführe:

Ein Kind weinte intensiv, weil es sich von seinem kranken Hasen nicht mehr verabschieden konnte. Der Hase wurde eingeschläfert und blieb beim Tierarzt.

Das Mädchen war fassungslos traurig.

Ich lud es in der kleinen Gruppe, in der es dies erzählte – ich weiß nicht mehr, ob es auf einer Freizeit oder im Religionsunterricht war – zu der Imagination ein. Ich werde die Imagination so beschreiben, wie sie für die Situation des Mädchens sinnvoll war.

Die Imagination kann auf den Abschied von einem lieben Menschen übertragen werden. In der geistlichen Begleitung – auch in Gruppen – habe ich mehrmals dazu eingeladen, dies jetzt zu imaginieren und jetzt zu vollziehen. Dabei wird der Abschied nicht nachgeholt, dies geht nicht. Vielmehr wird er jetzt vollzogen.

✝ *Vorbereitende Körperarbeit:*

Keine, wenn sie situativ reagieren. Ich rate allerdings zu einer guten Haltung. Liegen erscheint mir bei dieser Übung für Erwachsene in einer Gruppe sinnvoll, die Menschen können sich dann nicht ansehen – und dies schützt.

☺ *Anleitung:*

Hinführung:

Du bist ja ganz traurig. Ich möchte dich einladen, von deinem Hasen (Tier, eventuell Name) Abschied zu nehmen. Magst du mir sagen, wie dein Hase heißt?

Schließe die Augen und stell dir Hoppel noch einmal vor. Ja, du darfst dabei ruhig weinen, du darfst auch mit Hoppel reden.

Hast du dir Hoppel vorgestellt? –

Gut, nimm ihn auf den Schoß und streichle Hoppel. –

Vielleicht fallen dir Geschichten, Erlebnisse mit Hoppel ein? Dann stell sie dir vor. –Vielleicht möchtest du Hoppel auch danken? Dann sag es ihm jetzt – du kannst dies leise oder auch laut tun. – Brauchst du dafür noch ein wenig Zeit? Gut! –

Nun streichle Hoppel noch einmal oder drücke ihn an dich – ganz wie du magst. Vielleicht möchtest du Hoppel noch etwas sagen, dann sag es ihm. – Nun stell dich darauf ein, von Hoppel Abschied zu nehmen. Sag ihm Tschüs oder nimm andere Worte und verabschiede dich von Hoppel. Lass ihn gehen und bewahre Hoppel in dir. –

Rückführung:
Komm jetzt wieder hier an. Lass Hoppel wirklich zurück. Seufze ruhig und atme einmal tief durch. Du bist hier und wir/ich sind/bin hier. Wir sind mit dir gegangen und danken dir, dass du den Abschied mit uns geteilt hast.

(Manchmal drücken sich Mädchen jetzt ab oder Jungen klopfen sich auf die Schultern. Lassen Sie diese Nähe und die Äußerungen zu.)

 # Gestaltung:

- Bei diesem vorgestellten Beispiel hatte ich an keine Gestaltung gedacht, obwohl dies sinnvoll gewesen wäre. Zu meiner Überraschung bekam ich am nächsten Tag ein Bild von Hoppel geschenkt, selbst gemalt und mit manchen Tränenflecken betropft.
So wird aber auch deutlich, dass die Seele sich selbst ihren Ausdruck sucht: Was Eindruck macht, braucht Ausdruck.

- Für alle die Schreiben können, kommt auch ein Brief – als Ausdrucksmöglichkeit – in Frage. Oft haben erwachsene Menschen von Großeltern, von verstorbenen SchulfreundInnen nicht Abschied nehmen dürfen, weil es ein Tabu war, oder auch nicht Abschied nehmen können.
Beim Schreiben dieser Zeilen zieht mir ein Schulfreund in den Kopf und ins Herz, der verstorben ist. Ich merke selbst, hier ist noch etwas offen.

Anmerkung:
Bitte werten Sie Tiere und ihren Tod für Kinder nicht ab, lassen Sie auch diese Geschöpfe gleichwertig am Leben teilhaben.

Märchenmotive

Märchen sprechen Grundmotive des Lebens an und verdichten Lebensweisheiten und Lebenserfahrungen. Dabei sind sie gleichermaßen offen für uralte Überlieferungen und wandeln sich über die Jahrhunderte.

Wenn ich mit Märchen arbeite bzw. wenn ich mit Menschen über Imaginationen auf eine gemeinsame Entdeckungsreise gehe, dann drücken Märchen oft Lebenserfahrungen und Angebote einer Antwort aus, die Menschen fördern können.

In der Imagination nehme ich Motive des jeweiligen Märchens auf, nachdem der Inhalt des Märchens entwickelt wurde. Es spielt keine Rolle, ob den Menschen das Märchen bekannt ist oder nicht. Wichtig ist, dass sie ihren Eindrücken nachgehen, die durch die Bilder der Märchen angestoßen werden. Dazu muss eingeladen werden.

An vier Beispielen möchte ich die Arbeitsweise erläutern.

Arbeit mit Märchenmotiven ist in allen Altersgruppen möglich, sehen Sie sich dazu aber die Ausführungen über die Entwicklung des Menschen an (S. 32 ff.). Für Kinder sind Märchen Phantasiegeschichten, an denen sie beteiligt sind. Sie sollten auch als Märchen erzählt werden. Hier können Erklärungen und Erläuterungen ein gut gemeintes Zuviel sein.

Weitere Märchenmotive finden Sie:
Den Tod ansehen – Gevatter Tod (Seite 167)
Der Kampf mit dem Drachen (Variante) (Seite 115)

Thema: Frau Holle – Der Brunnen – Die Aufgaben – Das Tor

Besonderheiten:

Das Märchen hat drei Grundmotive: den Sprung in den Brunnen, die Annahme der Aufgaben, die auf jede/n zukommen, den Gang durch das Tor.

Wen Frau Holle in diesem Märchen darstellt, ist für die Imagination unwesentlich. Ich beschränke mich auf die drei Ebenen, die die Menschwerdung der Marie fördern. Darüber hinaus liegt es nahe, die Goldmarie und die Pechmarie als zwei Aspekte einer Person zu betrachten. Sie stehen auch für die Licht- und Schattenseiten, die jeder Mensch in sich trägt. Die Grundhaltung, mit der ein Mensch seinen Weg geht, beeinflusst auch seine Erfahrungen auf dem Weg. Wer haben will – wie Pechmarie –, übersieht leicht das Wesentliche und findet sich im Dunkeln, im Schwarzen wieder.

✝ *Vorbereitende Körperarbeit:*

Es ist gut, sich im Liegen in den Kontakt zum Boden einzuspüren (s. S. 48).

☺ *Anleitung:*

Hinführung:
Heute möchte ich dich einladen, einen Weg auf den Spuren des Märchens von Frau Holle zu gehen. Lass dich auf die einzelnen Bilder ein und sei offen für deine Reaktionen. Schau noch einen Moment deinem Atem zu, dann kann die Reise beginnen. –
Stell dir vor, du sitzt an einem Brunnen und wäschst dein Arbeitszeug. –
Es fällt dir in den Brunnen. –
Du springst hinterher und sinkst herab, – tiefer und tiefer. –
Du kommst auf eine grüne Wiese. –
Du gehst umher und schaust dich um. – –
In einem Backofen warten Brote darauf, herausgenommen zu werden. –
Du kannst dies tun oder lassen. –
Unter einem Apfelbaum liegen viele Äpfel. – Du kannst sie aufsammeln und ernten oder auch nicht. –
Du kommst an einem Haus vorbei, in dem eine sehr alte Frau lebt. Sie lädt dich ein, bei ihr zu leben und zu arbeiten. Du musst jeden Tag ihr Bett sorgsam machen. – Du kannst bei ihr bleiben oder auch nicht.

Du kannst die Arbeit annehmen oder auch nicht. –
Nach einiger Zeit ist deine Zeit in diesem Reich zu Ende. –
Die alte Frau dankt dir. Sie gibt dir dein Arbeitszeug wieder und führt
dich durch ein großes Tor nach draußen. –
Dir fällt ein Geschenk als Dank zu. Nimm es und schau es dir an. – –
Durch das Tor gelangst du wieder in deine alte Welt. – Du bist wieder
am Brunnen. –

Rückführung:
Schau noch einmal in den Brunnen und erinnere dich an den Weg, den
du gegangen bist. Dann verabschiede dich von dem Brunnen und dem
Tor. Die Reise ist zu Ende. Komm wieder zurück hier in den Raum. Dehne
und strecke dich und öffne die Augen.

 Gestaltung:

Zur Gestaltung eignet sich bei diesem Märchen großflächiges Malen.

 Variante:

Aus der Imagination können auch Ausschnitte verwandt werden.

Thema: Rumpelstilzchen –
Das Namenlose benennen

▲ *Besonderheiten:*

Dieses Märchen nimmt die Sehnsucht des Menschen nach Reichtum und Macht auf. Die Kraft, die ihm dies ermöglicht bzw. ihn treibt, hat ihren Preis. Im Märchen bezahlt die Königin mit ihrem Ureigenen, mit etwas, das unmittelbar zu ihr gehört: mit ihrem Kind.

Sobald sie diese Kraft beim Namen nennen kann, ist deren Macht vorbei. Anders gesagt: Sobald diese Kraft benannt ist, kann sie integriert und verwandelt werden.

✝ *Vorbereitende Körperarbeit:*

Beginnen Sie mit einer Energie fördernden Übung, zum Beispiel der Vorübung zum Drachenkampf (S. 113).

☺ *Anleitung:*

Hinführung:
Legen sie sich nach dieser Körperübung hin und spüren der Energie nach, die in ihnen ist. Konzentrieren sie sich dann auf den Kontakt, den sie zum Boden haben. –
Ich lade sie nun in der Imagination ein, sich in eine Situation zu begeben, die nicht einfach ist:
Stellen sie sich vor, sie sind in eine Kammer eingesperrt und sitzen vor einer unlösbaren Aufgabe. Wenn sie die Aufgabe lösen, sind sie reich und mächtig. –

Jemand kommt und bietet ihnen an, die Aufgabe zu lösen. – Dafür müssen sie ihm ein wertvolles Geschenk geben. – –

Am nächsten Tag geschieht das Gleiche. Sie sitzen vor derselben unlösbaren Aufgabe. Wieder kommt jemand und ist bereit, für sie die Aufgabe zu lösen. Diesmal muss es etwas für sie sehr Wertvolles sein, das sie ihm geben. – –

Dies wiederholt sich noch einmal. Sie sitzen wieder vor der unlösbaren Aufgabe und diesmal sollen sie etwas geben, was ihnen sehr am Herzen liegt. –

Er zeigt ihnen einen Ausweg. – Wenn sie den Namen ihres kraftvollen Helfers wissen, müssen sie ihm nichts geben. –

Folgen sie ihrem Helfer zu seinem Haus im tiefen Wald. Dort wird er ein Feuer machen und tanzen und seinen Namen sagen. – Achten sie auf diesen Namen. –

Ihr Helfer kommt, um ihr Herzensgeschenk zu holen. Sie nennen seinen Namen. – Seine Macht erlischt und zerstört sich selbst. –

Sie sind frei. –

Rückführung:
Lassen sie noch eine Moment nachklingen, was sie bewegt. Dann lösen sie sich von der Geschichte und kommen hierher zurück. Bewegen sie sich und öffnen sie die Augen.

 # Gestaltung:

Wenn der Helfer einen Namen bekommen hat, ist folgende Gestaltung hilfreich: Schreiben sie den Namen mit Sorgfalt auf ein Blatt. Vielleicht mögen sie ihn besonders ausgestalten. Schreiben oder Malen sie rundherum, was diese Kraft gibt und was sie fordert. Wenn sie wollen, können sie das Blatt anschließend verbrennen.

Wenn die Kraft keinen Namen hat, lassen Sie die Energie dieser Kraft in Farben großflächig umsetzen.

Thema: Hans im Glück –
Vom Segen der Einfachheit

Besonderheiten:

Das Märchen erzählt – scheinbar naiv – von einem Menschen, der immer mehr weggibt und sich dabei frei und glücklich fühlt. –
Es ist in unserer Zeit ein ungewohntes Motiv, aber wahrscheinlich hielten schon immer fast alle diesen Hans für dumm. Ist er aber in Wirklichkeit nicht wie der Narr, der uns den Spiegel vor das Gesicht hält? – Spätestens im Sterben geben auch wir alles ab. Ist es nicht vielleicht doch sinnvoll, sich schon vorher von Abhängigkeiten zu lösen?

Vorbereitende Körperarbeit:

Beginnen sie mit der Variante c. der passiven Muskelentspannung (S. 51).

Anleitung:

Hinführung:
Ich lade dich heute ein, in unserer Phantasiereise etwas eher Ungewöhnliches zu tun. Stell es dir vor und spüre nach, wie es dir damit geht. Wenn du bereit bist, kann die Reise beginnen. –
Nun stell dir vor, du hast als Dank für deine Arbeit in der Fremde einen dicken Goldklumpen erhalten. –
Damit begibst du dich auf den Heimweg. –
Das Gold ist sehr schwer. Du begegnest einem Reiter und tauschst das Gold gegen ein Pferd. –
Du versuchst zu reiten, aber dies misslingt. –
Du begegnest einem Bauern und tauschst das Pferd gegen eine Kuh. –

Du versuchst zu melken, aber dies misslingt. –
Du begegnest einem Metzger. Du tauschst die Kuh gegen ein Schwein. –
Du begegnest einem Burschen mit einer Gans. Die Gans wird dir schmackhaft gemacht und du tauschst das Schwein gegen die Gans. –
Du begegnest einem Scherenschleifer, der sein Brot mit wenig Werkzeug verdient. Du tauschst die Gans gegen zwei Schleifsteine. –
Die Steine fallen dir in den Brunnen und du hast nichts mehr zu tragen. –
Du hast nichts mehr. Bist du jetzt glücklich oder unglücklich? – –
Hast du etwas verloren oder gewonnen? –
Lass dies nachklingen. –

Rückführung:
Vergiss deine Empfindungen und Eindrücke nicht. Die Reise ist nun zu Ende. Fang an, dich wieder zu bewegen und öffne die Augen. Schau dich um, du bist wieder hier im Raum.

 ## Gestaltung:

Alle Teilnehmer überlegen sich eine Geste/Gebärde, die die Grundhaltung des Märchens ausdrückt. Diese Geste machen die Menschen sich nacheinander – unkommentiert – vor.
Als zweiter Schritt folgt eine Gebärde/Geste, die den jeweils persönlichen Eindruck, den das Märchen hinerlassen hat, ausdrückt. Was sonst im Bild ausgedrückt wurde, wird hier in eine Haltung, Gebärde oder Geste gebracht.
Diese Gestaltung wird einander – durch die Bewegung – mitgeteilt.
Danach folgt ein Gespräch über die Erfahrungen und das Märchen.

 ## Variante:

Die Ergänzung oder den Kontrast dazu gibt *Das Märchen vom Fischer und seiner Frau* ab.

Thema: Der Fischer und seine Frau – Vom Habenwollen

Besonderheiten:

Vom immer neuen Habenwollen erzählt dieses Märchen: Ich will alles, und zwar sofort – dies ist anscheinend ein alter Wunsch. Oft endet er wie in diesem Märchen, oft aber schafft Gier tatsächlich Reichtum. Dieses Märchen hat nun eine Pointe, die sich mir erst in den letzten Jahren erschlossen hat. Meist wird der Schluss für eine Strafe gehalten: Wer zu viel will, wird bestraft. Wer sein will wie Gott (siehe Turmbaugeschichte in der Bibel), endet armselig.

Diese Sichtweise ist fatal. Sie lenkt von der Tiefe dieser Geschichte ab. Das Bild vom strafenden Gott – mit dem so oft und verderblich gedroht wird, weil dies den Menschen in ihre Machtausübung passt – verstellt die eigentliche Pointe: Beide werden am Ende wirklich wie Gott – denn Gott ist im Armen zu finden. Diese Grundbotschaft der jüdischen und christlichen Tradition ist die Pointe der Geschichte und zu *dieser* Erfahrung lade ich ein.

Eine Anmerkung zum Text: Im Originaltext des Märchens heißt es, dass sie am Anfang im »Pisspott« wohnten. Dies ist hier frei übersetzt mit Klohäuschen, alternativ können Sie auch Bretterbude sagen.

Vorbereitende Körperarbeit:

Mit dem Wechsel von Anspannung und Loslassen kann die aktive Muskelentspannung auf diese Imagination vorbereiten. (s. S. 50).

☺ *Anleitung:*

Hinführung:

Ich hoffe, du hast einen guten Platz gefunden und sitzt oder liegst bequem. Heute möchte ich dich einladen, mit deiner Phantasie einen Mann und seine Frau zu begleiten, die recht seltsame Wünsche haben.
Stell dir vor, ein Mann und seine Frau wohnen in einem Klohäuschen/einer Bretterbude. Stell dir das Klohäuschen/die Bretterbude vor. –
Der Mann fängt einen verzauberten Fisch, einen Butt, und hat einen Wunsch frei. Seine Frau bittet um eine Hütte.
Der Butt erfüllt die Bitte, und sie haben eine Hütte. Stell dir die Hütte vor. – –
Jetzt wollen die beiden aber ein steinernes großes Haus haben.
Der Butt erfüllt die Bitte, und sie haben großes steinernes Haus. Stell dir das Haus vor. – –
Jetzt wollen die beiden aber wie ein König sein und ein Schloss haben.
Der Butt erfüllt die Bitte, und sie haben ein Schloss, wie ein König. Stell dir das Schloss vor. – –
Jetzt wollen die beiden aber wie ein Kaiser sein und einen Palast haben.
Der Butt erfüllt die Bitte, und sie haben einen Palast, wie ein Kaiser. Stell dir den Palast vor. – Endlich wollen die beiden aber wie der Papst sein und eine Residenz wie er haben. Der Butt erfüllt die Bitte, und sie haben eine Residenz, wie der Papst. Stell dir dies vor. – –
Als Letztes nun wollen die beiden wie Gott sein. – –
Auch dieser Wunsch erfüllt sich. Nun sind sie arm, wie Gott sein will, und haben wieder ihr Klohäuschen/ihre Bretterbude. –
Schau sie dir an: Sind sie glücklich oder unglücklich?

Rückführung:

Nun beende die Reise und lass die beiden in ihrer Behausung zurück. Spüre dich wieder selbst. Räkele dich und strecke dich. Dann öffne die Augen und sei wieder ganz hier.

Gestaltung:

Dem inneren Prozess mit diesem Märchen könnte Arbeit mit Ton angemessen sein. Jede/r erhält einen großen Batzen Ton und drückt mit geschlossenen Augen seine/ihre Erfahrungen in Ton aus. Die Erfahrung und der Tongegenstand werden zur Grundlage des dann folgenden Gespräches.

Variante:

Sie können die Imagination noch direkter erzählen, ähnlich wie beim »Hans im Glück«. Es beginnt dann: Stell dir vor, du wohnst in einem Klohaus ...
Sie können den letzten Abschnitt der Reise ändern:
Auch dieser Wunsch erfüllt sich. Nun sind sie wie Gott sein will. Wo mögen sie jetzt wohnen? Stell dir ihre neue Wohnung vor. Schau sie dir an: Sind sie glücklich oder unglücklich?

Im Märchen *Hans im Glück* geht es um die entgegengesetzte Haltung.

MANDALAS GESTALTEN

GERDA UND RÜDIGER MASCHWITZ

**Aus der Mitte malen-
heilsame Mandalas**

Anregungen für Kinder, Jugendliche und Erwachsene
Mit 20 Malvorlagen

62 S. 23 Malvorlagen. Geh.
ISBN 3-466-36492-2

GERDA UND RÜDIGER MASCHWITZ

**Neue Mandalas
Aus der Mitte wachsen**

Anregungen für Kinder, Jugendliche und Erwachsene
Mit 23 Malvorlagen

78 S. 20 Malvorlagen. Geh.
ISBN 3-466-36449-3

Für die Arbeit in Gruppen:
Die Malvorlagen beider Bände
jeweils im 5er-Pack.

Mandalas führen uns zur Mitte. Sie werden u. a. gemalt,
gelegt, erschritten, getanzt, in Phantasiereisen vertieft oder
spirituell angeeignet. Dabei schenken sie uns Kraft und innere
Ordnung. Kinder, Jugendliche und Erwachsene erleben mitten
in der Hektik des Alltags tiefe Ruhe und Konzentration.

KÖSEL

Kösel-Verlag München
online: www.koesel.de